# アメリカの資本主義

ジョン・K・ガルブレイス

新川健三郎 訳

# American Capitalism

## The Concept of Countervailing Power

John Kenneth Galbraith

アメリカの資本主義

アメリカの資本主義＊目次

装幀＝小林剛　組版＝鈴木さゆみ

ダグラスに捧ぐ

# 改訂版への序文

このような本がその著者を巻き込む問題のなかで、私自身、読者諸氏と分かつべきだと考える問題が三つある。第一は忌まわしい戦争の可能性にかんするものである。本書に展開する考え方を、私ははじめ、まだ世界がしばらく平和であろうと予想しうるようにみえた第二次世界大戦直後の数年間に抱き、発展させた。だがこの平和の予想は、本書の初版が刊行される前年に、朝鮮戦争の勃発によって、無残にも打ち砕かれた。初版の冒頭の文章で、私は本書の議論が戦時のアメリカには少しも意味をもたず、また戦勝国を含め戦後も残存している放射能に満ちた大戦の廃墟にあっては、あまり適切とは考えられないだろうと警告した。

本書が最初に刊行されて以来、戦争の脅威は時には強まり、時には弱まった。政治家が人類の突然の、大量の、高熱による絶滅といったことについて、何か崇高なことでもあるかのように語っているのをよく見かけた。一方では、彼らがそうした人類の絶滅につながる政策では普通の有権者の支持を得られないと考えたようにみえることもしばしばあった。だがたとえ平和への見通しが悪化するというよりはむしろ好転しているとしても、われわれの時代に戦争の脅威が完全に消滅するなどと考えることはとうていできない。したがって、平和の前提条件――つまり、すでに指摘したように、こう

した社会的論評への逸脱そのもののもととなる前提条件——を明白にし、かつそれが十分に根拠のあるものであると希望し続けることが必要なのである。もしもこの前提条件の根拠が間違っているならば、経済学の問題をここで行うようなおだやかな調子で議論することは、やがて二度となくなってしまうことだろう。

私の第二の問題は、これほど不吉なものではない。それは、このような本を書く際の術語にかんすることである。私は本書の特に後半の数章で、同僚の経済学者に向かって論じたいと考えていることが非常にたくさんある。私は専門的な経済学者の一人に数えられることを誇りに思っており、また経済学を立派であり、かつ進歩的な学問であると考えている。だが私は、もしも同僚の経済学者が現在到達している結論のなかにはっきりと間違っているものがあると考えたりしなかったならば、本書を書こうとは思わなかったであろう。不幸にもそうした誤りがあると確信した場合、誰であれ一般には、自分の見解を著わして、同僚の学者に示すべきであろう。この方法には多くの利点がある。経済学は、素人にはわかりにくいかもしれないが、素養のある人びとには手っとり早く理解してもらえる速記法のように便利な術語をつくり出してきた。こうした術語の使用にあたっては、不注意な思考を防ぎ、批判者が確固とした根拠に基づいて誤りを認識したり抗議するのを可能にするような、正確な概念とその表現が必要とされる。こうしたことはまた批判者にたいして、著者がその問題にかんする術語に精通していると確信させることになるのである。

だが以上の諸点にもかかわらず、私はあえて当初から本書を素人の読者向けに書こうと決心していた。——私は批評家にたいし、もしももっと難解に書こうと思ったらそうすることもできたのだと信

じてもらいたいと思う。私は本書の述べる考えが一般の読者によって読まれるべき内容のものであると強く確信したのである。その結果、本書には勤勉な素人の読者が受け入れがたいと思うことは若干あるかもしれないが、理解できないことは少しもないものと思う。

本書を書くにあたり、非常に多くのことを単純化する必要があった。たとえば、本書における競争モデルは付属的な要素をすべて削除してしまっており、経済思想史の研究者は精密さの点で非常にもの足りなく思うことだろう。また私は特に私の目的の必要に応じて貯蓄と投資にかんするケインズの学説を単純化し、簡略化して扱った。だが単純化には二種類ありうると思う。一つは、十分な真実に基づいた結論に導くための便宜上の措置であり、もう一つは過誤に導くことがありうる単純化である。私の単純化はもとより前者のつもりである。もしも後者に属する場合があったりしたら、それは私の責任である。

第三に、他の多くの人びとも同様だと思うが、私は経済問題にたいするアメリカ人の種々の政治的態度を、どのようにうまく速やかに識別し把握するか、という問題に取り組まなければならなかった。本書のような場合、経済学と政治学とのあいだの境界線は実際上想像されるだけであり、両者は、読者に断わりもせずに行ったり来たりしなければならない平行線のようなものにすぎないのである。イギリスには社会主義者と保守主義者《トーリー》とがおり、これらの政治的分類用語を使って人びとの立場を指摘すれば、かなり正確にそれらの人びとの政治的見解や気質を示すことができる。だが言うまでもないことだが、われわれの場合、政党による色分けはそうした意味合いを有してはいないのである。

われわれの時代には、以前有用だった左翼と右翼との識別も、ほとんど役に立たないような色合い

のものになってしまっている。多くの人びとにとり、「左翼」という概念は、直接的であれ漠然としてであれ、共産主義と何か結びついているものを意味しており、いずれにせよ、それをマルクスの系譜を引く政治的立場と関連づける傾向が古くから存在する。他方で右翼は多くの人びとにとり盲目的な反動と同義語になっている。したがってこれらの用語は、現実ではなく、われわれの政治生活の病理学に関係しているだけであり、私はこの後者の問題にはあまり関心を抱いてはいないのである。

私が採用した解決法は、W・S・ギルバートに従って、すべての人びとを——たとえ生まれつきでないにせよ、少なくとも気質や環境の影響によって——リベラル派か保守派《コンサーヴァティヴ》かに分類するやり方だった。これは少なくとも長いあいだ容認されてきた慣行である。アメリカの保守派にかんするかぎり、この用語には何の重大な困難はない。アメリカの保守主義には変化を好まないという共通の特色がある。もっとも、それは戦術の点では、おそらくアメリカの保守主義の通常の型と思われる変化それ自体に反対する人びとと、過去と現在との幅広い脈絡を守るために一定限度の変化を受け入れる人びととのあいだにみられるような、立場の違いははっきりと認められる。

これにたいしリベラル派という言葉の使用は、はるかに多くの問題を引き起こす。——それは回答とほとんど同じだけの多くの問題を提示する。ヨーロッパにおいては、この言語は明確な政治的内容を有している。ヨーロッパ大陸におけるリベラルとは経済にたいする政治の干渉に反対する者のことであり、それだけである。実際問題として、これは国家の指導によるありとあらゆる形態の計画化に反対するだけでなく、特権的ないし独占的地位を占めている者にたいするいかなる干渉にも反対することを意味している。このような意味で自分たちをリベラルであると考えているアメリカ人もいるが、

多くはそうではない。アメリカのリベラリズムは、社会福祉の向上とか、特権的な地位にたいする攻撃をその中心的課題であると考え、これらの目的のために必要とみなす国家の介入はいかなるものであれ受け入れ、実際にそれを求める傾向が強く認められる。したがってこの言葉を使用する最良の方法は、それを一般に変化を志向する立場と考えることである。だがアメリカのリベラリズムの一つの顕著な特徴ということになるが、経済的問題にかんする方法や目標の点で、それは結局のところきわめて多様な立場に分かれている。バスケットにいろいろな種類の野菜が入っている場合、ジャガイモしか入っていないなどと無理して言うべきではないであろう。

また私は読者が本書の中にユーモアを見出されるだろうと思っていると付け加えておきたい。もとより重要な論争の場面があるし、本書全体が生者であれ死者であれ、たまたま著者の目にとまった運の悪い人びとの考え方や、利害や、品行や、動機を容赦なく攻撃するものとなってもよかろう。だが私にはそのような激しい攻撃はできないし、そのように深刻になりたくもない。いずれにせよ、そうした激しいやり方は、啓発のためというよりはおそらく政治とか福音の目的にいっそう向いているように思われるのである。

だが本書は社会批判のエッセイである。批判の仕事は批評することにほかならない。私は強く支持されている考え方や熱烈に防衛されている立場を再検討し、少なくともそのうちのあるものにたいしては激しく異議を唱える。たとえそれらが私の尊敬する人びとの見解であっても、そうすることが進歩への道だからである。そしてこのような批判は経済学において特に重要なのである。数学とは異なるが、むしろ神学と同様に、経済学は、人びとが日常生活と非常に密接な関係があると考える問題を

扱っている。そこでは学説が教条《ドグマ》に固まる傾向が常に存在する。この点、リベラル派も保守派も、これまでの実績についてみると、一般に認められている概念や学説にたいする挑戦を批判的に冷静に受けとめてきたとは言いがたい。したがって、経済学者の最も重要でかつ困難な責任の一つは、すでに容認されている権威にたいし反抗するということなのである。

この版は一九五二年春に刊行された初版の大幅な改訂版である。変更の内容は数種類にわたっている。初版のある部分はその時期にしか関係がないことだったので、それらは削除した。また時が経つとともに、変化したものもある。（たとえば、私は初版の序文で、共和党の一員と認められている変則的人物の一例としてオレゴン州のウェイン・モース上院議員を挙げたが、彼はその後民主党員となっている。）だが、これよりはるかに重要なのは、本書の見解が最初に提示された後に行われたかなり重要な議論を通して、私自身が、自分の見解が間違っているとか、あるいは表現が簡潔すぎたりあいまいだったために誤った印象を与えてしまったと確信した場合があったことである。この場合、私は自分の議論を訂正した。これらの訂正の多くは、当然予期されたように、拮抗力についての諸章にかんするものである。しかしそれに加えて、私は初版の執筆当時行われていた朝鮮戦争の経済的意義を過大に反映していた最後の二章については、いっそう広範囲にわたる改訂を行った。

こうした変更にもかかわらず、本書の本来の議論の実質は変っておらず、それどころか実際に、私はそれをいっそう強めたと確信している。その結果、私にこの異説を断念させようと熱心に努力したり、拮抗力の概念を経済思想の純粋な流れから根絶させようとしてきた親切な人びとを失望させることになるであろう。だが私はこれらの人びとに感謝している。私は彼らの努力のおかげでいっそう聡

明になることができたと考えている。そして最後に、私は本書の議論に一般的に賛成してくださった方々に、さらにいっそう深い感謝の念を抱いていることを申し述べたい。

# 第一章　幻影による不安

## 1

マルハナバチは、空気力学やその羽根の翼面荷重をもとに考えると、原理上飛べるはずがないといわれている。だがマルハナバチは実際に飛行している。もしも自分たちの飛翔がアイザック・ニュートンやオーヴィル・ライトの厳粛なる権威にいどむことになると知ったら、マルハナバチはいつ墜落するかもしれないという不安に、絶えずおびえ続けるにちがいない。それに加えて、マルハナバチは服従を強いられているその女家長制についても気を遣っているものと思われる。というのも、女家長制は圧制的な統治形態として知られているからである。したがってマルハナバチは飛行するのには成功しているが、きわめて不安定な昆虫なのである。

もしもこれらのことがすべて真実だとしたら、物理学および昆虫学におけるマルハナバチの地位はおそらく最高というわけでもなかろうが、その生活は近年のアメリカにおける生活と際立った類似性を有しているということになるだろう。アメリカ経済の現在の組織と運営の仕方もまた多くの原理――ベンサム、リカード、アダム・スミスといったニュートンに匹敵する信望ある学者によって究

極的権威を与えられている諸原理――に挑戦しているのである。それにもかかわらずアメリカ経済が順調に、まったく見事なまでにうまくいっているときが幾度も認められる。第二次世界大戦後の一〇年間はその一例であった。原理を無視しているにもかかわらずうまくいっているということが、人びとに、やがてはすべてが恐ろしい破局で幕を閉じるにちがいないといった不安を引き起こしている。また、権威の座にある者の意図について強い懸念が抱かれているのも、マルハナバチの場合と同様である。そしてこれもまた危惧と不安とに導くのである。

本書が最も一般的な意味で関心を寄せているのは、表面上うまくいっているようにみえるにもかかわらず存在しているこの不安についてである。第二次世界大戦後の時期におけるアメリカ経済のめざましい成果は事実であった。アメリカには、トルコ以西の国のいずれをも上回るほどの原始的で不潔な生活をしている農家が――多くはアパラチア山脈南部の地域に――今なおおよそ二〇〇万世帯も存在する。また都市には、自分たちの生活に満足感を抱くことができないスラムの住民や少数民族――特に黒人が顕著だが――がいる。こうした不満は、給料や年金や過去の貯蓄に頼りつつ、一定の収入で生活しなければならない人びとも同様に抱いている。しかし、これらを除けば困難といえるものはほとんどなかった。またこれまでのところ、大部分のアメリカ人は個人的自由が極端に縮小されているとは感じていない、とみることができる。現在を不安感をもって見つめさせ、将来について警戒心を抱かせるような考え方は、現実には役に立たない。私の目的は、これらの考え方が今後とも現実性がないのはなぜなのかを見きわめ、そしてできることなら、その考え方が生き残ったとしても、なぜ実効性をもちえないのかを明らかにしようとする点にある。

## 2

第二次世界大戦後の数年間の経済の成功が強い不安感を伴うものだったことについては、詳説する必要はほとんどあるまい。疑いもなく、不安感は実業家のあいだで最も強かった。この数年間は高い生産と豊かな利潤の時期であった。実業界は大恐慌期に失っていた威信の多くを取り戻し、選挙時においてさえ、実業界は政府により再び丁重に扱われていた。

だが実業家たち――特にその指導者たち――が将来の見通しについて平静に考えているという証拠は何もなかった。むしろ反対に、この時期の事業報告には、破局の瀬戸際に立たされようとしていると警告するような調子がしばしば見られた。このことは特に一九五二年秋の共和党の勝利に先立つ時期にはっきりと認められた。かくして一九四八年初めに、この国の指導的な財界団体の週刊機関誌である『NAM〔全国製造業者協会〕ニューズ』は、大統領の年頭教書は実業界にとって「負担しえないこと」を約束していると論評し、さらに、もしもその政策案が実現をみたら、「アメリカの経済制度はまず損なわれ、ついには破壊されることになるだろう」という匿名の保守的政治家の見解を引用し、それに同調していた。それから数週間後の三月に、同誌はNAM会長が「全体主義との間断のない戦いにおける実業界の見解と理想とを」広く世に知らしめるために遊説に乗り出したと報じた。ここでいう全体主義が海外のではなく国内の全体主義であることは注目すべきであり、同会長はカンザスシティを皮切りに、ヒューストン、シュレヴポート、ニューオーリンズと、その「自由への訴え」を説

いてまわり、その中で「アメリカの自由にたいする脅威は、絶えず生じているのだ」と警告した。一年後、彼の後継者がジャクソンヴィルの聴衆に向って、「繁栄の頂点にいるにもかかわらず、わが国民は自由にたいする信頼を失い、それから離れようとしている」と訴えた。あるNAMの論説は、「国民の福祉の増進を願う熱意の点で人後に落ちぬ数百万の人びとが、われわれが世界的規模で戦っている敵対物がわれわれの知らぬ間に国内にしのび込んでこないともかぎらないと憂慮している。彼らは、われわれが国家主義の方向へと押し流されるだろうと信じているのだ……」と、陰鬱な調子で論じていた。ついでトルーマン大統領が議会にあてた新しい教書も警戒の目で見られた。一九五〇年初めには、合衆国商工会議所が『アメリカにおける社会主義』と題する人目を引くパンフレットの中で、「社会主義にいたる裏通り」にたいし切迫した語調で警告していた。それはまた、最高裁判所判事・連邦上院議員・国務長官の前歴を有するジェームズ・F・バーンズ氏によって当時表明された、アメリカ国民は「社会主義の橋を渡って警察国家へと導かれる」可能性があるという概念にたいしても、注意を喚起していた。

もっとも、こうした悲観的な見方は、財界人自身によってもかなり割引いて受けとられていた。一九五〇年四月二一日にボルティモアでの昼食会において、USスチール社社長は、アメリカの経済制度は「私の生涯においてかつてみないほどの重大な危険に陥っている」と啓示的な言明を行ったが、株式市場はその日の後場でかなり上がり、USスチールの普通株も四分の一上がった。ある著名な財界のスポークスマンは全国製造業者協会の一九四九年の大会で、実業家たちが悲観的な見方の先頭に立っていることを認め、国民は概して「無関心であり、満足しきっている。……ゴルフをしたり、テ

レビを見たり、自分の商売に気を遣うことに多忙なあまり、アメリカを今日たらしめた自由と機会を守ることを忘れてしまっている」と述べていた。そのうえ、一九五三年に二〇年ぶりに親財界を標榜する政府がワシントンに出現したことは、財界の心配をやわらげる効果をもった。一九五三年秋に、商務長官シンクレア・ウィークス氏は全国製造業者協会の年次大会で、「実業界に有利な空気が最近数年間の社会主義的動きにきわめて決定的にとって代っている」と報告することができた。しかしながら誰もがそう確信していたわけではなかった。二年後に、新たに就任した同協会の会長であるウィスコンシン州の製紙業者は、参集した代表者たちに「しのび寄っていた社会主義が今や闊歩している」と警告を発した。彼は「マルクスが青写真で描いたような共産主義国家にいたる道をたどって、われわれはかなりのところまできてしまっている」という先走った結論を支持する証拠をあげていた。

アメリカ資本主義が虚弱でもろいものだという考え方は、多くの一般市民の心を強くとらえている。[1]大戦後の選挙における主要な争点、反逆罪を除けばほとんど唯一といえる争点は、アメリカが資本主義国家から福祉国家、国家主義的国家、あるいは社会主義国家へと変化しつつあるかどうかという問題であった。一九五〇年初めに、共和党は次の選挙戦では「自由対社会主義」を争点に戦うことを正式に決定した。ミシガン州のジェス・W・ウォルコット氏のごときは、革命の切迫さについて精密な計数的尺度を提示することさえした。すなわち、彼は一九四九年末に資産家の聴衆にたいし、「今やアメリカの八パーセント以内は社会主義化している」と警告したのである。のちにアメリカ大統領になった当時のコロンビア大学学長〔アイゼンハワー〕も、一九四九年に卒業生を送り出すにあたり、ウォルコットほど計数的ではないが、ほぼ同じような切迫感を込めて次のように述べた。「卒業

生諸君の前途に開けるこれからの時代において、われわれの時代の根源的な抗争の勝敗が決せられることになろう。――それは個人の自由と平等の概念をわれわれの日常生活にいっそう広く適用しようとする人びとと、個人を国家の指令に従属させようとする人びとのあいだの抗争なのである。」

## 3

実業家は他の多くの人びとと同様に、別の不安の種をもっている。もっとも政治上の疑念と異なり、彼らは一般にそれを表明したりはしない。それは資本主義が本質的に不安定なものなのではないかという不安である。一九四五年の日本の降服以後のまる五年間、アメリカにおいてぬかりなく慎重に営まれた事業はほとんどすべて、アメリカは将来いつか深刻な不況に陥るだろうという想定のもとに導かれていた。戦後のアメリカの企業の在庫、配当金、準備金にかんする政策、そして記録的な所得や収益がある一方で、株式市場がジグザグの動きを示したことなどは、この警戒心の深さと広さがわからないかぎり理解できない。時が経つにつれ、そして繁栄が続くのに伴い、不況にたいする不安は薄れてきている。しかしながら、今なおそれは幽霊のように企業の重役室に出没している。好況は今年も、そして来年も続くかもしれない。だが、いずれわれわれが破滅に直面するのは明々白々だと考えられているのである。

驚くほどよく守られているしきたりに従って、アメリカの財界スポークスマンは、不況についての不安を、人前ではめったに表明しない。こうした不安を表明することは、おそらく現実に不況を招き

寄せ、さらにまたその脅威に対抗する手段について国家の関心を呼び起こすことになるだろう。実業家を除き、こうした制約を押しつけられている者はあまりいない。農民、労働者、知識人は、戦後、不況にかんする不安感をいささかも隠そうとはしなかった。第二次世界大戦の終結前には、戦後七〇〇万、八〇〇万、ないし一〇〇〇万人以上の失業者を伴う経済的破綻が生ずるだろうという考え方が、当然のこととして受け入れられていた。戦後計画といわれるものはほとんどもっぱら、そうした災厄にそなえて対策を練ることであった。戦後の農産物価格の保証、大規模な公共事業計画、一九四六年雇用法などはすべて、暗黙のうちにこうした崩壊に見舞われることを予期していたのである。

農民の場合は特に示唆に富んでいる。戦後一〇年間、連邦議会はほぼ一貫して農業立法——即時的なものであれ将来にかかわるものであれ——に関心を寄せてきた。一九五五年頃まで、農民のあいだでは——少なくとも首都ワシントンで陳情を聞いてもらえる農民のあいだでは——農産物価格や所得について強い不満を抱いている者はほとんどいなかった。それどころか、この時期の数年間は、農民がかつて夢見たこともないような好景気の年であった。だが農民はアメリカの資本主義がいずれは平常の状態に戻るであろうことを当然のことと考えていた。大部分の農民にとり、平常とは一九三〇年代の状況として描かれていた。そうした資本主義の崩壊にそなえて自分たちを守るために、農民は、保守的な人びとが資本主義の対立物とみなす価格や生産にたいする包括的な統制を熱心に提唱し、その立法化を要求したのである。

## 4

リベラル派の人びとも、戦後、アメリカの資本主義は不況に向う強い傾向をもつ不安定なものであるとの保守派の確信を共に抱き、そうした見解を口の端にのせるのをちゅうちょしなかった。リベラル派にはそれ以外にも不安の原因があった。保守派の人びとが政府の権力にかんして頭を悩ましていたように、リベラル派は実業界の力を懸念していた。私が論じている現在の資本主義機構の常態とは、アメリカの生産活動の大部分が比較的少数の企業によって営まれているということである。農業生産、多くの商業、さらに労働組合による生産と価格の基本的管理いかんによるが、瀝青炭の採掘や衣服製造業は、今なお小企業の手に握られている。しかしそれ以外の部門では、すべてではないものの、その多くが巨大な企業の支配下にある。アメリカの国民総生産の三分の一から二分の一を生産する企業の首脳陣とは、ほとんど近所の映画館で心地よく座席を占めることができるほどの人数なのである。

これは別段新しいことではない。最大一〇〇の企業が一九〇五年にアメリカ経済のなかでほぼ今日と同じくらい大きな比率を占めていたと考えることができるのである。だがこの集中の度合がかなり徹底したやり方で行われたのは、一九三〇年代に入ってからだった。そしてその統計結果は、それまで疑わしかったことを確信へと変えたのであった。

リベラル派の考える制度には、これらの巨大な企業体が占めるべき場所がないのである。巨大法人企業はその製品の価格、購入品の価格、さらには企業自らがその欲求や嗜好をつくり出している消費者の心理に、重要な影響を及ぼすことができる。アメリカの社会批判の伝統のなかで、こうした民間

企業の力にたいする疑念ほど強いものはない。それこそが、資本主義の発展の仕方の枠組をつくり上げようとする特異な努力ともいえるシャーマン反トラスト法、またその効果を増進させようとしたウィルソン派の努力、一九三〇年代後半のサーマン・アーノルドの多彩な訴訟の数かず、さらには反トラスト法を執行しようとするリベラルな法律家の飽くことなき熱意を生み出したのである。

だがこうした努力にもかかわらず、大企業は勝利をおさめており、その点いまや統計により疑念を抱く余地がないほどはっきり示されているのである。大企業にその力を思うがままに発揮させることが公共の利益になるのだという結論を導き出すようなまことしやかな学説は、保守派の人びとにとってさえ入手不能だった。それどころか、一般に受け入れられている学説では、大企業は独占を通じて、社会的非効率と抑圧とを生み出すと主張されていた。反トラスト法の成果については、アメリカのリベラル派は常にきわめて楽観的である。だが今やはじめて、リベラル派も、果たして反トラスト法が現存するアメリカ経済の構造を変えられるのかどうかを思案することが必要となってきた。もしも反トラスト法を改変できないとしたら、大企業とその力はそのまま存続することになる。リベラル派は自ら正当化して考えることができない大企業の力をめぐる不安に加えて、失望感を抱くことを余儀なくされたのである。

## 5

ここにわれわれの時代の注目すべき問題がある。この不思議な時代に、われわれは純然たる物質的

成果の点では誰も批判する気を起こす者がいないような経済を手にしている。アメリカの社会思想における体制順応的な伝統を考慮に入れるとしても、アメリカ資本主義の成果にかんする評価の一致は際立ったものがある。現在の制度に代りうると考えられるような制度が存在しないことも同様に注目に値する。だがそれにもかかわらず、ほとんど誰もがアメリカの資本主義にたいして安心感を抱いてはいないのだ。保守派は、全能ともいうべき政府が資本主義を、何かはっきりしないが、新しく、きわめて不快な内容のものに変えるのに忙殺されていると考えている。わが国の政治的論評、特に保守派の不安に共通に認められる誇張を考慮に入れるとしても、保守派は明らかに危険が今や現実であり、切迫していると感じている。民主党のもとでわれわれは冷たい革命からほんの一会期の議会あるいは一つの法案程度しか離れていないところに来てしまっている。共和党にしてもせいぜい破局に向って突き進む動きをただ一時的に、しかも気乗りのしないままに、妨げているにすぎない、と保守派は考えている。他方でリベラル派の人びとは、自分たちの信念に合致しえない巨大法人企業を警戒心をもって見つめている。そして保守派の人びととともに、彼らは、現在の経済的成果の質がいかなるものであれ、それも長くは続かないのだという確信を抱いている。だが問題含みの時期を、われわれは生き延びてきた。しかも現行の経済制度に不満をもっている人びとより、満足している人びとのほうが多いのである。

したがって、ただ現在世間一般に流布し、あるいは受け入れられているアメリカ資本主義についての解釈の仕方に、どこかまちがっているところがあるというだけのことかもしれない。そして実際そのとおりだったのである。保守派もリベラル派も、世界を不安感や警戒心で見つめさせる原因とな

る誤った考え方のとりこになっていたのだ。現実の経済構造も政府の役割も、彼らが抱いている観念によって明示され、必然とされたパターンに合致してはいなかったのである。アメリカ政府も、アメリカ経済も、それらの法則を営々と無視して振舞っていたのである。もしもそれらの法則に拘束力があったとしたなら、すでに深刻な打撃をこうむっていたことだろう。保守派は二〇年にわたるニューディールとフェアディール〔ニューディール政策の継続を望む人びとの支持を背景にトルーマン大統領が打ちだした国内政策のスローガン〕のもとにおかれた結果、すでに力を奪われていたはずだった。リベラル派は、巨大企業体制の経済のなかで生活をしなければならなかった結果、すでにそれらの企業の傀儡になっているはずだった。生産は著しく減り、われわれは皆多くの巨大な独占体の搾取のもとで苦しみ、その非効率のために犠牲を強いられていたはずだった。だが現実には、われわれはこれまでのところそうした災厄から免れている。この事実はきわめて重要である。それは、少なくとも当分のあいだは、問題が現実の世界ではなく、それを解釈する観念のほうにあることを意味している。不安の源泉は観念にあった。――すなわちそれは幻影による不安だったのである。

（1）　資本主義という言葉は、事業の所有者あるいは所有者の直接ないし間接の代理人たるものが決定にかんする主要な責任を有することを意味しているのであるが、この用語は長年のあいだなんとなく不快な響きをもつものと考えられてきた。そして今ではその代りに、自由企業、個人企業、競争制度、価格制度といった、ありとあらゆる種類の婉曲的な用語が使われている。だがこれらのなかで、資本主義という言葉よりいっそうよく実体を表わしているといえるものはなく、また簡明な言葉もない。

# 第二章　信頼感の基礎

## 1

故ケインズ卿は、彼の著作のうちで特に広く引用されることになると思われる一節で、「経済学者や政治学者の観念は、それが正しい場合であれまちがっている場合であれ、一般に考えられているよりもはるかに強力である。……いかなる知的な影響力からも完全に免れていると信じている実際的な人間も、たいがい何らかのすでに故人となった経済学者の考えの奴隷になっているのである」と述べている。実際に、前章で述べた不安の根底にも観念が横たわっている。だがそれだけで説明しつくされると考えたらまちがいになるだろう。変化にたいする反応には、何かそれ以外のものも作用しているにちがいない。富裕な人びとは、通常、変化にたいして疑い深い。これは過去においても、ほとんどいかなる時、いかなる場所であれ、そうである。変化がすでに持てる者にたいして損害をかけるかもしれないということは、算術上の単純な問題である。他方で何も持たない者にたいしては、そうしたことはありえない。したがって保守主義と個人的富裕性とのあいだには、常に密接な相関関係が存在しているのである。

これをもっと広く一般化すれば、アメリカがいっそう高い富裕水準に進むにつれて、社会改革の実験から着実に後退するのは確かである。実際に、もしもこのわずか一〇年の短い繁栄期より導き出される傾向から推論することに危険がないとすれば、こうした社会改革の実験にたいする拒絶はすでにきわめて強いものになっていると主張することができよう。この論稿を書き進めながら振り返ってみるに、アメリカのリベラル派はすでに過去二〇年ものあいだ、改革のための新しい提案をほとんど何もしていない。彼らが何か重要な新しい構想を有しているという証拠もない。リベラリズムないし急進主義であるとの名声も、ほとんどもっぱらニューディールの未完の社会改革立法を完結したいという願望に依拠し続けているにすぎない。そしてニューディールの政策構想を育んだのはまさに経済的逆境にほかならなかった。繁栄の回復とともに、社会改革の創意は急速に消失したのである。国内問題について、リベラル派の諸組織は何年ものあいだ、計画と呼びうるものを何ももっていない。むしろ彼らの手もとにあるのは、過去に計画したことの綴じ込みにすぎない。それには新たに付け加えられたものがまったくない。彼らの政策綱領を作成する作業は、事実上、引出しを開けて、それを取り出すことにほかならない。中西部や大平原地方は、かつては議会に最も厄介な急進的議員を送り込んでいたのであるが、今や議会内の最も頑固な反動的連中を含む、最も強靭な保守主義者を出している。アメリカの政治的運命は、現行の法律を廃止したり、サービスを停止したり、これまでの成果を解消しようと試みたり、あるいはそうすることを望んでいると思われる人びとの手中に握られているわけではない。これもまた変化であって、歓迎されていないのである。だが平和と繁栄が続くなかで、それはもはや重要な社会改革の実験を提唱する人びとの手中にもない。富裕が一般的な国では、抜け目

のない政治家は現状維持を図ることを何をおいても約束するものなのである。(1)

## 2

不安を引き起こすいっそう深い原因となっている観念は、リベラル派と保守派の双方に共通している遺産である。それは両者の態度の形成に著しい影響を及ぼした資本主義にかんする理論に起因している。その理論とは、一八世紀後半から一九世紀を通じて、主にイギリスにおいて築きあげられた古典派経済学の体系である。それを受け入れることが健全なアメリカニズムの証しであると考える人びとは、それがあくまで外国産の学説であることを知るべきである。それをつくり上げた初期の主な立役者はイングランド人とスコットランド人であった。アメリカの経済学者は、若干の重要な修正を付け加えたり、多くの教科書でそれを複製したりしたとはいえ、学説の構造それ自体を構築するうえでの貢献は比較的わずかなものでしかなかった。ごく最近にいたるまで、アメリカ人は経済理論の分野で高度の独創性を発揮したことはなく、権威を海外に求める習性は今なお強い。そしてアメリカの資本主義にかんする明確な解釈の方法となり、今なお暗黙のうちにその考え方のもとになっているのは、一九世紀にイギリスから輸入されたままの古典派経済学の理論体系なのである。

前章で強調された不安にこの古典派の理論体系が関係していることは、それが解釈しようとしている世界との関係を検討していくと、ごく大ざっぱに検証しただけで明らかとなる。この理論体系どおりのもの、もっと正確にいえば、その行動原理が細部にいたるまで厳守されるようにつくられた経済

があるとすれば、そこでは前章で述べたような懸念はすべて解消する。それが描き出しているのは、社会的効率が高い経済制度、つまりあらゆる側面から人びとが最も欲しているものを最も効率的に生産できるように、人的資源、資本、自然資源が動員される経済制度である。そこでは濫用できるような権力を誰ももっていないので、私的な権力の濫用ということはありえないだろう。そこでは、政府が有益な役割を果たすことはあまりないから、政府には無害な役割しか与えられていない。またその理論には、深刻な不況やインフレーションを扱える余地がない。その経済制度はうまく機能するはずだった。これは見込みとしては成立しえたが、ただ古典派の理論体系が要求する適切な経済機構を備え、またその行動原理を遵守する社会に限られていたのである。現在のアメリカには、こうした理論体系のための前提条件がいくらかでも存在しているとはとうてい考えられない。またわれわれはその原理に即して生活しているふうを装ってもいない。したがってわれわれは古典派の原理を無視したり従わないことにたいし、恐ろしい報いを受ける危険にいつもさらされていると考えざるをえない。われわれにいつ降りかかるともしれない危険や、さらには災厄は、われわれがその正確な形態や、なぜそれが現在生じていないのかを知らないからといって、恐ろしさが軽減するわけではないのである。

## 3

周知のように、古典派の理論体系の第一の必要条件は競争である。この理論体系を構築するには、競争が基本的な要素であり、もしも競争が厳密な形で存在するならば、それだけで十分であった。だ

が実際には、いま一つの条件が、より正確にいえば学説が、セイの市場の法則という形で付け加えられた。これは、財貨を生産する行為がそれらを購入するのに多すぎも少なすぎもしない購買力を生み出すという説である。こうして生産された財貨の価値と、その財貨を購入するのに利用しうる購買力とのあいだには、不変の均衡が存在するということになる。この心地よい学説からは深刻な不況も荒れ狂うインフレーションも生じないだろうということは、一見して明らかであろう。

この理論体系にとって必要な競争とは、厳密な意味合いのものであり、時の経過とともに、むしろいっそう厳密さを増す傾向があった。アダム・スミス、リカード、ミルといった古典派の経済学者は、競争という言葉を使う際に特別に意識してはいなかった。競争とは、一九世紀のイギリスの町の商人や、綿紡績業者や、炭坑所有者のあいだの競争関係にすぎなかった。アダム・スミスは、「独占価格はいかなる場合であれ最も高い。……それとは反対に、自由競争の価格は、実際にいかなる時もというわけではないが、大部分の場合最も低い」(2)と論じ、競争をその結果により独占と識別することで満足していた。しかし一九世紀末になると、経済学者たちはそれまで暗黙のうちに認められていたことを明確にしはじめた。すなわち競争には、いかなる商売であろうと、いかなる産業であろうと、相互に相手の情報を知り合えるかなり多数の売り手を必要とするということである。さらに最近になって、これは多数の売り手が多数の買い手と取引をするという概念に練り直された。各人は他の人びとが売ったり買ったりしている価格について十分な知識をもち、また誰もが知っている一般的価格というものが存在する。そして最も重要なことだが、一般的価格を支配したり、それにかなり影響力を及ぼしたりすることができるほどに大きい買い手や売り手は存在しない。現代の最も傑出した古典派の

理論家の言葉によれば、「価格制度は、競争が普及している場合のみ、つまり個々の生産者が価格の変動を支配することができず、自身をそれに適合させなければならない場合のみ、機能を果たすことになろう。[3]」この競争の定義が厳密なことは、特に実業界の読者にたいして強調しておく必要がある。というのは、実業家と経済学者とのあいだの際限のない誤解の源泉は、まさにこの点にあったからである。実業家は、競争相手の販売力、広告代理店、技術者、調査員などのことに思いをめぐらして一日を費やすと、帰宅の時には競争というものにかなり苦痛を感じているものだ。だがもしも彼がたまたま価格にたいしかなりの支配力を有するとしたら、前述の意味では、十分に競争的といえないのは明らかだ。普通一般に使われている言葉を使用しながら、自分自身の都合で勝手にその意味に制限を設ける学者にたいし、この実業家が困惑を覚えるとしても、誰も驚かないだろう。

だがいかなる生産者や買い手も価格にたいしいかなる影響力ももたないような産業部門の市場という概念は、一見してそう見えるほどありそうもないことなのではない。たとえば、小麦や綿花の場合、アメリカには市場への総供給量と比べて何らかの力になるような供給をできる生産者などはいない。一九四九年一月に、あるミズーリ州の綿花栽培農場主がメンフィスの現物市場で史上最大と思われる綿花の販売を行った。だが彼が一四〇万ドルで販売した九四〇〇梱の綿花は、一九四九年の総供給量からすればわずかなものにすぎないといえた。この農場主がその綿花を持ってメンフィスではなく天国に行くことができたとしても、地上の市場には何ら注目すべき影響がみられなかったことだろう。

同じことは他の大部分の農産物についてもいえる。古典派の理論体系が形成されつつあった一九世紀には、農業が国民総生産に占める割合は現在よりもかなり大きかった。それに当時のイギリスの発

生して間もない綿紡績業、炭坑業、金属や金属加工業などの諸産業は、すべて多数の生産者によって営まれており、個々の生産者の生産量が全体にたいして占める割合はわずかなものであった。誰も一般的な価格に大きな影響を及ぼすことはできなかった。そして何よりも、イギリスは当時自由貿易の時代であった。売り手は世界全体という市場で形成される価格にさらされていた。したがって一九世紀の古典派経済学者が生み出した先駆的理論体系のなかに暗示されていた競争の概念は、決して非現実的なものではなかったのである。それは当時存在していた世界を叙述したのであり、その理論をつくり上げた人びとは、その後一部の人びとが考えているように現実を見誤ったりしたのではなかった。彼らは実際的な人びとだったのである。

だが事態はそこにとどまってはいなかった。前述したように、経済学者は彼らの用語をより精確なものにしようとして、競争という概念に厳密な定義を加えた。彼らはまた、競争という概念に、以前の経済学者がそれと関連づけていた経済的・社会的効果を引き起こすものという意味合いをもたせはじめた。競争の定義はしだいにモデルとしての経済社会の諸要求に合致するように手を加えられ、現実を叙述するものではなくなり、理想的な結果を生み出す観念的な内容のものへと変質した。主要な関心は現実を解釈することではなくなり、経済社会のモデルを作成することに向けられるようになった。競争の定義は実際にそうしたモデルの諸要求に合致するように調整された。その結果、それは変化の過程である現実の世界競争と、もはや関連性を保つことができなくなったのである。

今世紀の初め頃までに、こうした競争によって支配される資本主義社会のモデルを作成する作業は、実質上完了していた。それは高度に知的な成果であった。人間社会の経済的関係を規制する理論上の

仕組として、それはほぼ完全なものであった。イタリアの偉大な学者エンリコ・バコーネや、同様に著名なポーランドの経済学者オスカー・ランゲといった社会主義の理論家たちは、競争モデルの理論上の成果を社会主義国家の目標として活用した。競争モデルの最初の作成者たちのなかで、それを現実に存在するままの、あるいはかつて存在した世界を表わしたものであると弁護する者はほとんどいないだろう。ある人びとにとっては、競争モデルははじめのうちこそ、現実にきわめて近かったのだが、産業部門において、あるいは土地を含む自然資源にかんして独占が成立し、あるいはまた政府や関税が競争にたいし障害を設けると、その分だけ現実の世界から遊離したものになったのだと考えられた。別の人びとにとっては、それは資本主義がその方向に向って進むと期待したり、導けると考えられる目標であり、あるいは資本主義を評価する際の一つの基準であった。さらに他の人びとにとっては、競争モデルを作成し、精緻なものにすることは、やりがいのある知的な作業にほかならなかった。

一つの観念の誕生、成長、そしてその後たどる道筋は、人間のそれとよく似ている。両親は最初の二段階はかなりよく管理することができるが、第三段階はそうはいかなくなる。競争モデルもいったん構築されるや、教科書や教室に入り込んでしまう。経済生活にかんするこれに代るべき解釈法がなかったので、それは事実上経済学を教えようとするすべての人の理論体系となった。それは経済学を大衆化しようとする人びと——一回の講義で経済をわからせようとする人びと——の経済学となったし、現に今でもそうである。そこでは種々の制約条件がついていることや、特に現実からの抽象があるのだという警告が、見失われているか、無視されている。今までのところ、アメリカ人に経済学を教える努力に注入された多大の時間と費用の主な成果といえば、概して純粋かつ徹底的な抽象にほか

ならないのである。

人間は、経済にかんする神学なしには、つまり人間に生計を提供している抽象的かつ不完全にみえる仕組についての何らかの合理化なしには、生きることができない。この目的のために、競争モデル、つまり古典派のモデルは多くの利点を有していた。それは包括的であり、内容に一貫性があった。保守派の人びとは、古典派モデルは現実をそのまま表わしていると主張し、現存する秩序を正当化するものとして、それを利用することができた。他方で、改革派にとり、古典派モデルは目標、つまり必要な改革の道筋を指し示す燈火となりえた。そして両者とも、少なくともその信念を大きく揺るがすようなことが起こらないかぎり、この確信の中核となっているものと結びつくことができると思われたのである。

そこで、今やこのモデルの成果についていっそう詳細に検討することが必要となってくる。

## 4

効率という概念は、経済制度に適用された場合、多面性をもってくる。それは単に最小の費用で最大の成果を得ることと考えることができるが、これは効率にかんする陳腐な技術的見解である。そこにはまた、社会が必要としている特定の財貨を必要としている量だけ入手するという問題がある。さらにまた、もしも経済が効率的であるとするなら、利用可能な、あるいは少なくとも働く意欲のある労働力を、合理的に十分に活用しなければならない。また資源が現在の生産と将来の生産とのあいだ

で、つまり消費用のために生産されるものと、将来の消費拡大のために新たな生産施設に投資されるものとのあいだで、満足のいく形で配分されなければならない。また変化を生み出す適当な刺激が必要であり、かつ新しいいっそう効率的な生産手段が採用されるように仕向けなければならないのである。

最後に――他と幾分異なった要求であり、長いあいだ認識されなかったことだが――新しい生産手段と新しい製品（必要なら、それについて苦情をいうことも許されるが）を生み出す調査活動や技術的進歩のために、十分な用意がなされなければならない。これらをすべて合わせると、必要事項はきわめて多岐にわたるのである。

競争モデルの特異な魅力は、多数の売り手がおり、その誰もが価格に影響を及ぼせるほど大きくはないという特定の形態で競争が行われる場合、効率にかんする必要事項が、最後にあげたものを除きすべて満たされるという点である。この場合、いかなる生産者も――まさにカンザス州の小麦栽培農民と同様に――価格の引上げその他の価格操作により、独力で収入の増加を図ることなどできはしない。そうした機会は、ここで想定されている競争により、つまり生産者の誰もが全体との関係で一般的な価格に影響を及ぼせるほどに大きくないという形で競争が行われるため、不可能となっている。生産者はただ生産費の引下げによってしか他の生産者を凌駕することができない。その業界にごく少数であれ野心的な者がいたとしたら、生き残るためには生産費を引き下げなければならないだろう。さもないと他の者にその機会をつかまれてしまうからである。またすでに多数の生産者が就業している場合も、その産業部門に新たに他の人びとが参加するのを妨げる重大な障害物は何もないと考えら

れる。さらに生産の効率を高める機会が存在する場合、その機会をとらえた人びと、ならびに内外からそれにひきつけられてやって来た模倣者たちは、生産を拡大し、価格を引き下げることになる。その場合、残りの人びともこの低価格のもとでなお生き延びるためには、最良の、最も効率的な行動に順応していかなければならない。このようにして、業界におけるダーウィン的な生存競争により、すべてのエネルギーが生産費と価格の引下げに集中されることになるのである。

このモデルでは、生産者の努力と消費者の欲求もまた、いかなる生産者や消費者によっても支配されたり影響されることのない価格によって、効果的に結びつけられている。生産者が労働力の増加分の人件費やその他の生産費のために引き上げた価格は、ちょうど消費者がその生産物にたいして支払う価値のある価格ということになるのである。ある製品にたいする消費者の購買欲の減少はすべて、価格の低下を通して否応なくその生産者に伝達される。また消費者が限界労働や他の生産費に必要な価格で購入しなくなった場合には、それに使われていた資源は、他のもっと必要とされている財貨の生産に向けられる。こうしてエネルギーも、最も需要の大きい財貨の生産に効率的に集中されることになるのである。

競争モデルにおいては、これらの変化は失業の脅威を引き起こさなかった。消費者の嗜好が、ある製品について減退しても、他の製品のほうで増大する。後者の製品の価格の上昇がその産業の生産者に、その部門の生産と雇用の増大を有利に行うことができると告げる。そしてこの増加が前者の製品の生産部門に生じた不振を吸収するのである。消費者が貯蓄しようと決心した場合でも、その貯蓄は投資——別の種類の支出——の源となる。いずれにせよ、この経済理論においては、労働者は常に雇

用を保証されている。いかなる雇用主も、雇用増加のための支出が現行価格での収入の増加により賄えないのでないかぎり、雇用の増加を差し控えたりはしない。職を求めている労働者は、いっそう低い賃金で働くことを申し出てこの微妙な釣り合いを変化させることにより、いつでも職を入手することができる。そしてこうすることによって、労働者は常に自分に職を提供する雇用主に報いることができるのである。もっとも、労働組合は、そうした賃金切下げを抑制することにより、明らかにこの微妙に調整された理想郷に打撃を与えることができる。だがそもそも、労働組合はこの理論体系の構成要素の一部となってはいないのである。

5

労働力その他の社会の生産的資源を、消費と投資とのあいだで――すなわち現在の消費と将来のある時にはじめて成果をもたらす工場、設備、公共施設、公共事業などの生産活動とのあいだで――どのように配分するかといった問題については、これまでこのモデルの作成者たちのあいだでも十分に意見の一致がみられなかった。しかしながら、細部についての党派的な論争にもかかわらず、その根底に横たわる過程の性質については、意見の一致に近いものが存在していた。他の場合と同様に、ここでも競争は効果的なはたらきをする。工場、機械、公共施設、その他の投資から将来の収益を得ようとする人びとの競争によって、現在の消費を節約し、それによりこれらの投資を可能にしようとする人びとのために、利子率という形で価格が設定される。追加投資からの収益が高ければ、貯蓄の金

利も上昇する。そしてこれはいっそう貯蓄を増加させ、現行の消費を減少させる。こうして資源は投資のために解放される。こうした過程をたどって、社会のある時点での消費用財貨にたいする欲求は、新規投資の結果、より多くの、かつ新しい財貨を得られるという見通しと釣合いが保たれることになるのである。

もしも人びとは通常、消費することをこそ好むのであり、貯蓄はそうする余裕のある時しか行わないものと仮定すると、誰もがまず消費財を自ら断念し、さらに貯蓄を投資にまわさず、節約にたいする報酬をも断念するだろうなどと想像するのは、まったく不自然なことである。したがって、ある人が消費するにせよ貯蓄するにせよ、その人の所得はいずれの場合にも使われているのである。だが頑固な退蔵家も——一九世紀の競争モデルの作成者によりこれほど軽蔑された者はいなかったが——取り返しのつかぬ損害を与えたわけではなかった。所得を手にしながら、それを自分で使いもせず、他人にもそうさせないことにより、これらの退蔵家は市場から若干の需要を奪い取ることになる。だがその唯一の影響は、供給が需要を凌ぐにつれて、非人間的に決定される財貨の価格が下がるということである。他の人びとはその結果手持ちの所得で以前より多くの財貨を買えるようになり、彼らの支出が倹約家の退蔵分を相殺することになるのである。

ここに、貯蓄が過剰になることはありえない——つまり全財貨にたいする需要の総量は常にその供給量と一致するにちがいない——という考え方の基礎がある。これがセイの法則——フランスのアダム・スミスといわれるジャン・バティスト・セイの名を不朽たらしめた法則——である。これまでセイの法則ほどしっかりと経済学者の心をとらえた観念はほとんどない。一世紀以上ものあいだ、それ

は信頼すべき原則として広く受け入れられてきた。一九三〇年代になってもまだ、セイの法則を受け入れるか拒否するかが、その人物が尊敬すべき学界の一員に加えられる資格があるか、それとも貨幣問題にかんしては変人として放逐すべきかを判断する決め手となっていた。

セイの法則は、競争モデルでは、働く意思のある労働力はいつも完全に雇用されているという結論を強化した。その結果、このモデルが現実に近似していると考えられるかぎりにおいて、深刻な不況の可能性あるいはそうした現実について真剣に考慮を払うといったことはありえなかった。不況は消費の流れにおける何らかの障害——財貨の需要がその経済の供給能力以下に一般的に低下することなど——に起因しているにちがいない。いかなる時点であれ、消費財に支出されるものが消費であることは明白である。したがって所得額とその最終的な支出額とのあいだに食い違いがあるとすれば、それは所得のうちで貯蓄に向けられた部分に原因があると考えなければならない。だがセイの法則は、貯蓄あるいはそれに相当するものもまた消費されていることになるのであるとして、この分野における障害についての研究を行わなかった。消費者の支出の減少は、単に貯蓄や投資支出の増加を意味しているにすぎない。そういうわけで、消費の一般的かつ累進的な減少——言うまでもなくそれなしには不況は起こらないのだが——が生ずることがありうるなどと想定することは不可能だったのである。

この理論体系にも、好況と不況の循環的な周期について考慮する余地はあった。だがそうした動きの影響が主として雇用というよりむしろ利潤と経済成長率に現われるのであるかぎり、セイの法則とのあいだに深刻な摩擦は起こらなかった。そして実際に景気循環は、特にアメリカにおいて、多数の統計的研究の対象となった。セイの法則を侵害することなしに、多くの資料を集め、多くの図表を作

成することもできた。だが一九三〇年代半ばまで、イギリスとアメリカの双方において、大不況の概念は一般に受け入れられていた経済学の理論体系と相容れないものだっただけでなく、一般に、分析に当たってそれを認めること自体が禁じられていたのである。失業は無視できないほどに顕著な現実であったが、一般に労働組合の活動と関連づけて考えられていた。労働組合は、労働者が自らの賃金を引き下げることにより職につくのを妨げて、雇用そのものを困難にしている。こうして労働者は雇用主が自分を雇い入れるのを採算の合わないものにしてしまっていると考えられたのである。これは極端な保守主義者の独断の産物ではない。それはセイの法則ならびに競争モデルに残された唯一の重要な説明方法であった。一九三〇年になってもまだ、現代の進歩的思想の象徴と目されるウィリアム・ベヴァリッジ卿でさえ、「高賃金政策が失業発生の面に有する」少なくとも潜在的な影響力については、「有能なる権威者のなかでそれを否定する者は一人もいない」と断固として主張していたのである。(4)

大恐慌の初期に経済学者が果たした役割がむしろ受動的だったのは、セイの法則そのもの、およびそれにより景気循環について解釈が十分でなかった点を考えると、理解することができる。名声のある学者も多くは沈黙を守るか、あるいは不均衡財政とか、農民、実業家、銀行、失業者にたいする救済を、激しく、だが何も役に立てぬままに非難するだけであった。(5) いかなる場合にも、別のいっそう積極的な行動指針を打ち出したのは政治家であった。――そしてのちに振り返ってみると、経済学者ではなく、政治家の判断のほうが、賢明な進路を反映していた。そして幸運にも、経済学者も間もなくセイの法則を理論から廃棄することによって、息を吹き返すことになったのである。

ところでもう一度競争モデルに話を戻そう。競争モデルは、明らかに社会的効率という重大な問題も含め、経済的諸問題を解決するか、さもなければ深刻な不況の場合のように、その問題をまったく考慮の外においてしまうかのいずれかであった。個々の企業にたいし、安価に生産させ、他の生産者におくれずに発展させていこうとする圧力や、収益を消費者の手に還元させ、彼らの需要を生産者に伝えるという非人間的に決定される価格の役割によって、さまざまな形での効率が確保される。この価格機構は、伸縮性のある賃金や、貯蓄の行為を投資活動と同一視する理論と相まって、失業を排除することに役立つとさえ考えられた。セイの法則は疑わしい点をきれいに片づけてしまう。読者は、細部にわたり厳密に規定されているこうしたメカニズムへの郷愁の深さを、もはや十分に理解することができるだろう。またこのメカニズムの必要条件が無視されているという確信や、こうしたモデルは実際には実現することができないのだと認めることが、長年にわたりこの理論体系をその経済体制を解釈する際の拠りどころとしてきた社会にたいして、どれほど深い不安感を醸し出すことになるか、理解できるであろう。

(1) たとえば、一九四八年の選挙戦で民主党が示した予想以上の強さは、トルーマン氏が経済政策の面で何か大きな前進を約束したからではなく、彼がニューディール時代に立法化された政策を含め、すでに存在しているものを守るつもりであると明言したことによるものであると、私は考えている。それとは対照的に、共和党は、過去に深い郷愁を抱いており、その方向に向って変化を求めるかもしれないという疑惑によって不利な立場に立たされ、そのスポークスマンや支持者の多くは、そうした疑惑を拭い去るというよりむしろいっそう強めていた。この年とは対照的に、一九五二年には、アイゼンハワー将軍がデューイ氏よりもむしろいっそう信頼

感を呼び起こす能力を示し、民衆にたいし重要な後退的な変化は何もないだろうと説得することに成功したのだった。

イギリスでも、保守党は現状維持の擁護を強調しており、アメリカと同様に、そこでも左翼思想は繁栄により甚大な打撃を受けているのである。

（2） Adam Smith, *Wealth of Nations* (London: P. F. Collier & Sons, 1902 ed.), vol. 1, pp. 116-117.

（3） F. A. Hayek, *The Road to Serfdom* (Chicago: University of Chicago Press, 1944), p. 49. 強調は引用者による。

（4） ベヴァリッジ卿は続いて次のようにいう。「理論上、いかなる国であれ、労働の所在、質、時間の特定の不整合によって説明することのできない失業が大量に持続するということは、それ自体、賃金として労働にたいし要求される価格が、その市場の条件にとり高すぎることの証拠である。労働の需要と供給が、双方にみあう適切な価格を見出しえないでいるのである。」William Beveridge, *Unemployment* (New York: Longmans, Green & Co., 1930), pp. 362-371.

（5） 特に通貨政策の分野においては、経済理論の主流で研究していなかったためにセイの法則の影響を受けていない人びとの手に、主導権が握られた。このことは、たとえば有名な金購入政策の提案者であるコーネル大学の故ジョージ・F・ウォーレン教授や、著書が当時広範な注目を集めたフォスターおよびカッチングズ両氏について当てはまる。当時はまたメージャー・ダグラスが社会的信用にかんする啓示的著書で不朽の名声を得た時代であった。

# 第三章　権力の問題

## 1

競争モデルが経済学者に歓迎されたのは、それが効率の問題を解決したからにほかならない。効率は長いあいだ、経済学者のほとんど盲目的な崇拝の的となっており、さらにはじめはこうした先入観には強い人道主義的な基盤があった。一九世紀にいたるまで、ほとんどすべての場所においていかなる時も、極度の貧困がごく少数の者を除くすべての人びとの運命となっていた。この貧困からの救済を図るには、現存する人的ならびに物的資源から、いっそう多くの生産をあげることほど重要なことはなかった。実際に、失業がほとんどない世界では、当時の所得分配ならびに、いっそう公平な所得分配を提唱する人びとがかなりの政治的不満や挫折感をもっていた状況においては、生産増加以外に貧困の救済手段は何もなかった。マーシャルは、貧困を緩和するという期待が「経済研究における主要な、かつ最高の関心事となっている」と述べていた[1]。

それとは対照的に、実業家や政治思想家にとって、競争モデルの魅力は、それが権力の問題を解決するという点にあった。これは今なお競争モデルがアメリカの保守派のあいだで勢力を有している根

拠となっている。実際に、大部分のアメリカ人にとり、いわゆる自由競争は久しく経済的というより政治的な概念であった。

アメリカの生活における権力の役割は、興味をひくものである。われわれは誰も、他人の行動を支配したり、その所得や財産に影響を与えるような特権を求めているとか、所有しているなどと公言したりはしない。また、アメリカ人は権力欲を満たすために公職を求めるなどとは言わない。アメリカ人が求めているのは奉仕である。それも、友人や、その地方の無名な草の根に住むやかまし屋の執拗な圧力に応えてやっと腰をあげるという形にする。われわれには、もはや官吏《パブリック・オフイシャル》はおらず、いるのはただ公僕《パブリック・サーヴァント》だけということになる。アメリカの実業界でもこれと同じように権力という言葉を注意深く避けるのが特色となっている。会社の首脳部はもはや親分《ボス》ではなく――この言葉はただ親しみをこめた呼び方として残っているにすぎない――、チームの指導者といわれる。アメリカに産業界の頭領が君臨していたのはかなり前のことであり、今では命令を下すべき高級将校は操舵手にすっかりとって代られている。労働組合の指導者も、組合員のスポークスマン以外の何者でもないかのごとく振舞っているのである。

公然と権力を追求することを不法とし、それを所有する場合には常に、それを婉曲語法でおおい隠そうとするしきたりにもかかわらず、われわれアメリカ人が、国民性として権力をきらっているといった兆候はない。それどころか、われわれの社会で、権力ほど価値を認められ、その所有者が必死に保持しようとしているものはない。議会における名声は、その議員が影響力を行使できる票数や、彼が属する委員会の勢力によって、きちんと等級がつけられている。公務員が行使しうる権限の大きさ、

あるいは——下級の役所ではそのおよその指標になるものとして——彼の指揮の下で働いている人びとの数が、ワシントンにおけるその人の重要性をはかる尺度となっている。役所では、精力的な人の下に権限と部下とが集中するのは、通常ごく当たり前のことと考えられているのである。

実業界における名声も同様に権力と結びついている。実業家の所得はもはや彼の成功を計る尺度ではなく、二次的な関心事にすぎなくなっている。実業界の名声が、もっぱら、その人が率いている企業の大きさと結びついていることは、明白である。事実、アメリカの実業界は、ヴィクトリア朝時代のイギリスにほとんど劣らぬほどのきびしい序列をしいており、それはもっぱら会社資産に基づいているのである。実業界の貴族階級にあって公爵の栄誉を得ているのは、ジェネラル・モーターズ、スタンダード石油（ニュージャージー）、デュポン、USスチール諸会社の首脳部である。以下、伯爵、男爵、騎士、騎士につく従者にあたる者が、個々の会社の資産の大きさにかなり厳密に従って続く。われわれの時代には、単に金持というだけの人は、いささかも重要ではない。たしかに「小企業だが成功を収めた」実業家にたいしても敬意は表される。しかしまさにこうした言い方自体が、その人が陽のあたる場所に出るには小企業であることのハンディキャップを克服しなければならないことを示しているのである。

その理由は、実業界がただひたすら企業の大きさ、そしてそれとともに巨大企業の首脳部に敬意を払っているからというのではない。それはここでも、むしろ企業の大きさこそが、その首脳部が行使する権力の大きさのおよその指標であるからにほかならない。企業の大きさに伴って、多数の従業員に影響を及ぼす決定や、多数の顧客に影響を及ぼす価格や、社会の所得、生計費、環境に大きな変化

を引き起こすような投資政策にかんする決定を下す究極的な責任も大きくなる。個人的にはこうした決定を下すことへの関心を否認するにせよ、彼の同僚たちは、連邦議員や公務員の場合と同じように、彼らの野心のゆえに彼を注目しているのである。

## 2

権力は、その存在を嫌悪し、その所有を否認するが、その行使を評価する社会にとって、厄介な問題を引き起こしている。人間の本性から言って、そうした権力の行使にたいして警戒心を抱くのは、すぐ下位の人びとである。実業家は自分たちの勤勉や功績によって手に入れた権限の行使には心をかき乱したりはしない。彼が警戒するのは、政府による権力の濫用である。他方で、リベラル派は当然のことながら民間企業による権力の行使を危惧の念をもって見つめる。だが公職を手に入れるや、彼らは自分たちが正当に得た権限を濫用する危険があるなどといわれても一向に耳を借そうとはしない。こうした他人の権力の所有について警戒する傾向は、自身の権力の所有を否認しようとする風習により著しく強められる。自分自身は権力を全然もっていないという紋切型の主張は、いとも容易に信念に転化する。いかなる場合にも、私的であれ公的であれ、権力を有する者は、往々にして他人を抑制したり支配できる自分の力よりも、自分の決定にたいする他人の抑制や支配力についていっそう意識しがちなものである。誰も、自分が自由に下せる決定を権力の行使であるなどと考えることはめったにない。かりにそういうふうに考える場合でも、それはむしろ自分の知的能力の行使にほかならない

とみなしがちである。だが他人の権力により決定を下すことを阻まれた場合、まったく違った印象をもつことになる。それは強烈な衝撃を与えずにはおかない。こうした印象はまた通常権力の恣意的ないし言語道断な濫用といったものになる。われわれの社会において、絶えず他人の権力にたいする抗議が繰り返され、それにたいしいつも潔白なのに不当な非難をされたと応酬するやりとりが行われているのは、こうした理由によるのである。

競争モデルは、これらのしきたりや態度によりいっそう重大となった権力の問題について、ほとんど完璧な解決法を提供した。すなわち、厳密に規定された競争が実施されたとすると、私的な経済的権力を行使できる余地はほとんどなく、ましてやその濫用などはありえない。そして経済的権力の私的な行使がこのように抑制されると、公的権力がそれを抑制する必要もない。特に、いかなる企業も、その製品を販売する市場や、労働力や原料を購入する市場で、価格に影響を与えられるほど大きくないならば、販売価格や購入価格あるいは支払う賃金にたいして力をもつ者が誰もいないので、消費者や供給者、さらには労働者の賃金にかんして、非常に有害なことをなしうる者は一人もいないということになる。不当に高い価格で消費者を搾取しようと考える者は、消費者が彼を見捨て、搾取をしない多数の競争者のほうに行ってしまうことに気づいた時、すでに遅しということになるだろう。また労働者にたいし一般の水準より少ない賃金を支払ったりすると、その労働者を標準の賃金を払うところに追いやることになる。顧客に不当に高い価格で売ったり、労働者を不当に低い賃金で雇ったり（そして同じ理由で他の供給者から不当に低い価格で購入したり）する力をもたない実業家が、誰にたいしてであれ有害なことをする力などもっていないことは、自明の理である。

私的権力の行使を、特にその濫用の機会を、最小限にすることは、経済にたいする政府の権力の行使を正当化しようとする大部分の理由を取り除くことになる。もしも私的権力が有害な形で行使されたりすることがないなら、政府がそれを規制する必要はない。そして経済制度の効率は政府の介入なしにすでに最大限に達しているので、政府のいかなる介入も効率を減退させることになると想定されるにちがいない。至福の状態に到達している社会には「幸福省」を設置する必要などないのである。

## 3

競争モデルにおいては、経済にたいする国家の干渉は、国家の動機に悪意があると想像される場合も、好意的とみなされる場合も、同じきびしさで排撃される。競争モデルは、国家ならびにその公僕の善意といったものが考えられない時代に作成されたのである。このモデルの作成にかかわった政治哲学者のなかで最も力のあったジェレミー・ベンサムは、何にもまして腐敗した官吏の役割を最小限にすることを熱烈に求めたほどだった。それには十分な理由があった。イギリスでは一九世紀にいたるまで、そして西欧世界の他の大部分の地域では今世紀に入っても、経済面で国家権力を行使しようとする動機は、少なくとも搾取的であったり腐敗していることが多かった。アメリカにおいても、今世紀にいたるまで、連邦政府は経済問題にかんしては、通常、政府から特別の利権を引き出すのに最も都合のよい地位にいる人びとや官吏の後援者となっていた。

国家は邪悪なものであるという学説は、まだ死に絶えたわけではない。アメリカ経済にかんする現

代のある論文は、次のように結論している。すなわち、累進課税を通じて、政府は多かれ少なかれ意図的に、「成功した市民からその成果を奪い取って、それをあまり成功しない市民に与えている。こうして政府は、勤勉、節約、能力、効率に罰金を課し、怠惰、浪費、無能、非効率にたいし補助金を提供している。節約家から略奪することにより、政府は資本の源泉を涸らし、投資と仕事の創出を減少させ、産業の進歩の速度をおくらせている……。[2]」アンドルー・ジャクソン〔第二合衆国銀行を廃止した〕の意図さえ、ボストンの商人によりこれほど陰険なものと見られたりはしなかっただろう。だがこれが少数派の見解であることには疑問の余地がない。議会制民主主義諸国一般の場合と同様に、アメリカでは、国民の大多数は政府を本質的には慈善的なものと考えるようになってきている。ニューディールがアメリカにおいて革命的な意義をもつかぎりにおいて、連邦政府にたいする国民大衆の態度のなかに革命的な変化が生じたのである。わずか数年のあいだに、関税率の設定、税金の徴集、禁酒、農民向け公報、国立公園などといった、これまで国民から比較的超然としていて人間味に乏しかった機構が、国民一般の保護者、さらには友人であり、また国民を逆境から守る楯とみなされるようになった。政府の行動は完全に予測できるものとは考えられぬかもしれないが、その動機が善と考えられる点については疑問の余地がなかったのである。

しかしながら、競争モデルはまた福祉や善意の名のもとに行使される権力を排除した。善意であろうとなかろうと、そうした干渉はせいぜい余計なものというだけであり、最悪の場合は有害なものとなる。世界を競争モデルで解釈する人びとのあいだで、「社会改良家」という言い方が「悪人」よりもいっそうひどい非難となりうるのは、こうした理由からである。また国家観の変化につれて、国家

が競争モデルにおけるその役割と矛盾する活動に引き込まれていくのを彼らが警戒するのも、こうした理由によるのである。

## 4

自分が権力をもつことは好むが、相手が権力を握ることを嫌悪する社会では、競争モデルは考え方が際立って異なる人びとに目的の点では強力な一致をもたらした。すべての人びとが競争モデルのなかに自分の気質や利害に合致する方策を見出すことができるわけである。たとえば、実業家にたいし、それは政府権力の侵入に抵抗するのを正当化する強力な理由を提供した。それはまた、実業家が不当な権力を所有していると批判する人びとにたいする回答を提供した。競争が権力の所有を不可能にしているので、権力を有しているようにみえるのも蜃気楼にすぎないというわけである。自分の決定に際しいかに強い制約があるかを他の誰よりもよく知っているので、当人も実際にそう信じることができたのである。他方で実業界の批判者たちも、競争モデルが実業家や政府に権力を与えるのを否認しているがゆえに、このモデルをおろそかに扱うことはなかった。彼らは実業家が経済的権力を有しているのではないかと疑惑を抱いたが、彼らの考える是正策とは、実業家自身が信奉しているのと同じ種類の経済制度をより純粋なものにするということにすぎなかったのである。

競争モデルの実質が消滅したとみられるようになってから後も長いあいだ、多くの人びとが観念としてこのモデルに執着し続けたのも、ほとんど驚くにあたらない。

またこれほどに多くの問題を解決するようにみえる理論体系にたいする信念が、重大な結果を引き起こすことなく崩壊しうるなどと想像することもできない。だが実際にそれは崩壊してしまったのである。それは、一つには根底に横たわる現実が変化した結果である。だがそれ以上に、この崩壊の原因は競争モデルが築き上げられた過程そのもののなかにある。観念の世界で入念につくり上げられたものは、観念の世界で破壊することができる。経済学者は自分でつくり出したものを、自ら始末することができる。変化したのは、経済の実体そのものよりむしろ観念であったので、幸いなことに、その結果も物理的というよりは心理的なものであり、胃袋にかかわる問題というよりは精神にかかわる問題だったのである。そこで、次に、こうした信念の崩壊の過程とその結果に目を向けることにしよう。

（1） Alfred Marshall, *Principles of Economics* (New York: Macmillan Co., 1920, 8th ed.), p. 4.
（2） The Economic Principles Commission of the National Association of Manufacturers, *The American Individual Enterprise System. Its Nature, Evolution, and Future* (New York: McGraw-Hill Book Co., Inc., 1946), p. 1019.

# 第四章　競争モデルの破棄

## 1

これまでに述べた理論体系——資本主義の理論とそれが提供する権力の問題の解決法——には、二つの点でもろさがあった。まず観念の領域についてみると、この理論体系は競争という概念に大きく依存しており、その定義が一段と精確なものになるにつれて、いっそうもろくなる傾向があった。この学説の最も忠実な弁護者たちも、競争という概念の厳密な形を要求していた。——ハイエク教授とともに、彼らは、競争は「個々の生産者が価格の変動に自分を適合させていかなければならず、価格の変動を支配することができない」ものでなければならないと主張した。[1] また現実の世界に、それを機能させる必要性があった。この理論体系はうまく機能しなければならなかったのである。だが競争の前提条件が損なわれるならば、それは破壊的な打撃をもたらす。そうなれば、現実にもうまく機能しなくなるからである。この点、一九三〇年代には、これら双方の打撃が同時に起こったのである。

最初の打撃は長年にわたりしだいに醸成されつつあった。遅かれ早かれそうした打撃に見舞われるだろうということは、アメリカにも西欧世界にもともに生じていた産業発展のパターンのなかにすで

に暗示されていた。農業、繊維、衣服製造工業、瀝青炭業、卸売業、小売業、製靴工業など、多くの重要な例外はあるが、ある産業部門に従事する企業数は、その産業の発生後数ヵ年あるいは数ヵ月のうちに最大限に達する傾向がある。一般に、それ以後企業の数は着実に減少していき、最後には一握りの巨大企業と通常それらを取り巻く一群の中小企業だけが生き残って、安定点に達するのである。それ以後、その産業部門における変化は、既存の企業の相対的地位の変化にすぎない。これは産業発展の普遍的なパターンではないにせよ、一つの典型的なパターンである、自動車、鉄鋼、ゴム、農業機械、タバコ、酒類、化学工業、放送事業はすべてこうした経過をたどった。テレビ製造業やウラン鉱業のような――これを書いている時点での――新しい産業も、一般的傾向からの例外でないかぎり、これと同じ道筋をたどることだろう。

典型的な産業が多数の企業の手から少数の手に移っていく過程は、十分に理解されていない。アメリカにおいては、それは産業の独占的支配を獲得しようとする事業家の意図と同一視されていることが少なくない。こうした、悪魔のような人物にたいする追及もはなばなしく行われてきた。マクレーカーズ〔企業の不正行為を暴き追及した人びと〕の活動や、一九一二年のプジョー委員会の調査活動は、過去数十年間にわたり企業合同の動きを推進する鍵となったものを探し求め、それが銀行家の手中に握られているのを見出したと考えた。（この時期はインターナショナル・ハーヴェスター、インターナショナル・ニッケル、インターナショナル製紙、インターナショナル・シルヴァー、インターナショナル製塩、さらにより控えめな名称をつけたUSスチールといった巨大企業が設立された時期であり、これらの会社名はすべて企業合同を実現した人びとの雄大な視野を物語っていた。）一九三〇年代には、ペコラ委員会の調査活動と臨

時国家経済委員会の活動が、幾分やや一般的にだが、公益事業部門の企業合同、巨大な映画会社、劇場チェーン、さらに当時擡頭しつつあったチェーン・ストア制度の立役者たちを調べた。

ある産業部門での所有の集中化傾向をある個人の征服欲の結果とみなすのは、肝心な点を見落すことになる。実際は、その原因は資本主義の機構そのものに深く根ざしているのである。農業、若干のタイプの商業、少数の鉱業と製造工業の部門のように、比較的小規模の生産で最も有利な成果をあげうる産業部門を除き、産業がまだごく新しい時期でないかぎり、そこで新たに企業を興すことは容易ではない。産業が新しい場合、あらゆる資本の募集は希望と見込みに基づいており、非常に才能豊かであってもすでに半ば忘れられてしまった第二次大戦後数年間の小型自動車の推進者であるプレストン・タッカーといった人材と、未来のフォードといった人材とを識別することはむずかしいのである。単なる野心家は、組織や経験のうえからいって卓越しているわけでなく、比較的確実な地歩を築きあげた者も一人もいない。誰もが新入りにちがいないのであって、どの企業も小さく、いずれの所要資本もささやかなものなのである。

産業の成長につれて、すでに活動している企業もまた成長する。その過程で、これらの企業は生産規模の拡大によっていかに節約の面で成果をあげられるかを認識し、さらに成功した企業は、直接その収入から、あるいは高収益をあげているという評判によって、さらに成長していくために必要な新たな資本を獲得するのである。

これらの企業はまた――経済学者は無視しがちな点だが――経験から学んで節約を手にする。企業の発展は組織や管理の点でかなり複雑な仕事である。ゆっくり時間をかけて行うゆとりがある場

合——つまり有能な人材を探し求め、一時に少数ずつ新しい人材を試す機会があったり、またやむをえぬ過失をした人びとを任命し直したり、無難なところに配転したり、残念ながら解雇する時間的余裕がある場合——にはじめて企業の発展がありうるのである。だが、こうしたことを行えるゆとりはほとんどない。

その結果、後から加わった者は渋々ながらきわめて影響の大きいハンディキャップを負わされることになる。このレースでは、最も貧弱な記録をもつ馬、あるいはまったく記録を残していない馬が、最大の重量をのせて走らなければならない。新加入者は、投資家にとりいっそう有望な見通しの企業が他にあるにもかかわらず、資本の当てを見出し、それを手に入れなくてはならない。かつては復興金融公社が新しい企業の参加問題を解決する道を開いた。実際に、最近の自動車、鉄鋼、アルミニウム製造のような産業部門において、新しい企業がすべてこの公社から融資を受けていることはきわめて意義深い。しかしたとえ大望を抱く事業家が政府資金を獲得するのに必要な力量と友好性とを有し、あるいは有していたにせよ、(2) 彼はなお新任の職工長や、未経験の管理者や技術者とやりあわなければならず、また経営手腕が未知の執行部に不手際があってもそれを乗り切っていかねばならない。歴史の古い企業にも初心者はいないわけではないが、新しい企業には初心者以外の者が少ないということである。しかも新しい企業は、その部門の既存の企業が長年にわたって一歩一歩苦心して解決してきた組織面の問題をわずか数ヵ月で達成しなければならない。その結果、生産規模がかなり大きい、すでに基礎固めができ上がっている産業部門においては、新たに会社を設立する余地はない。それどころか反対に、経験の蓄積と環境とがものをいうため、新しい会社の進出はきわめて困難になっている。

このように新しい会社の参加が困難あるいは不可能になると同時に、その産業部門の既存企業の数を減少させる傾向も依然として続く。特に景気が悪い時期には、弱体な企業は経営に失敗し、消えていく。景気が好い時期には、企業合同のための融資が容易となり、強力な企業は拡張の意欲を強め、弱体な企業は身売りを図る。こうして不況も好況も同様に、産業内の企業の数を減少させるようにはたらく。低い出生率ないし零の出生率に従来どおりの死亡率とが重なれば、人口が減少するのは避けられないわけである。

ここに述べた成長のパターンは、アメリカに特有なものではない。産業発展は他の先進諸国においても概して同様の道程をたどってきているように思える。しかしながらアメリカにおいて最終的に到達する均衡には、それなりの特色があるであろう。西ヨーロッパでは、カルテル協定によって合同が促進され、最後には一つの巨大な企業あるいは企業の結合体だけが残るということがよくある。だがアメリカの場合、少数の巨大企業が周辺の小企業とともに残るほうがはるかに典型的である。こうした均衡は、残存する主要な企業のあいだの力がかなりまで均等であり、さらにこれらの大企業が互いに買収できないほどに規模も似かよっていることと明らかに関係がある。この段階でも、巨大企業の合同はありうる。だがそれはあまりに大がかりではなばなしい出来事なので、世論と司法省が反対の立場にたつ可能性があり、それらが障害となる。同時に、巨大企業の価格競争は、周辺の小企業が巨大企業の差し出す傘の下で、不安定ながらも生存することができるように、注意深く抑制される傾向がある。

この段階に到達すると、典型的な産業部門では、企業がこれ以上変化することはほとんどない。ア

メリカ経済について、それを老衰した者が若い精力的な者に絶えずとって代られる生物学的過程とみなす見解ほど、広く好まれている見解はない。それは快いが、不自然な作り話である。実際に現代の世代のアメリカ人は、生涯を通じて、鉄鋼、銅、真鍮、自動車、タイヤ、石鹸、ショートニング〔バターやラードなど〕、朝食用インスタント食品、ベーコン、紙巻タバコ、ウイスキー、金銭登録機、棺などを、現在これらの商品を供給しているごく少数の企業から購入することだろう。この数十年間、これらの製品を供給している企業には大きな変化が生じていないことは、ただちに納得できるであろう。

## 2

少数の企業による産業支配が典型となっている経済は、価格、資金、生産、投資などに影響を及ぼす力が多数者の行動によって非人間的に支配されるという前提に立つ資本主義の理論と著しく矛盾する。一九三〇年代に、一連のきわめて重要な研究が進められた結果、アメリカの産業界には高度の集中が存在するという考え方が広く受け入れられるようになった。これらの研究の先駆となったのは、非金融部門の最大二〇〇の会社が、国富、産業界の富、会社資産に占める比率を調べたアドルフ・A・バーリとガーディナー・C・ミーンズの画期的な研究であった。[3] 続いて、政府の援助によるミーンズの研究、[4] さらに臨時国家経済委員会の調査活動が行われ、第二次世界大戦後も、連邦取引委員会や商務省による研究が提示されている。

これらの研究では、以下の三つの問題がとりあげられた。すなわち、①アメリカ経済においては、少数の特に巨大な企業がどれほど重要な存在になっているか、②どの程度まで市場が比較的少数の大企業――つまり市場占有率の点で大きい企業――のあいだで分割されているか、③集中は年々増大しているか、である。

これらの疑問にたいする解答は、まだ完全に一致をみているわけではないし、またこれらの研究が喚起した討論も、すべてが十分な客観性をもって行われたわけでもない。この討論のなかで、ある者は自らの独占にかんする警告や反トラスト法をきびしく施行すべきであるという信念を支持する論拠を見出した。調査結果の数字に批判的な人びとは、少数の例外はいたが、経済的・政治的目標としての競争モデルに合致した経済ならびに政治制度に献身的な人びとであった。彼らは常に、心から愛した夫人の徳について証言しなければならない人物にみられるような、どちらにでもとれるような態度をとっていた。

だが調査の主要な結論は、ほどほどに控えめに言ったとしても、重大な挑戦に直面することもなく、事実、それは広く受け入れられていた。大企業の重要性、そして製造工業、運輸、公益事業、鉱業の各部門において、比較的少数の企業が大きな比率を占めていることは今や明白である。ミーンズは一九三三年において、非金融部門の（つまり金融以外の生産や管理に従事する）最大二〇〇社ならびにその子会社が、そうした会社全体の資産総額のほぼ五七パーセントを所有していると計算した。[5]一九四七年を対象にした連邦取引委員会のいっそう最近の調査では、製造工業の最大一一三の会社が製造工業部門の資産、工場、施設の四六パーセントを所有していると評価されていた。[6]

これらの数字の誤差がどれほどであれ、少数の巨大法人企業が全産業活動のきわめて大きな割合を占めているという本質的な結論を変えるほどに大きいということはありえない。そして実際に、この結論は思慮深い人びとから何ら重大な挑戦を受けていないのである。

典型的な産業は比較的少数の企業によって支配されているということ——つまり経済全体だけでなく、個々の市場においても集中が存在するということ——は、いっそう多くの議論すべき問題を提供している。また集中が年々増大しつつあることを示そうとする試みも同様である。実際、後者については、証拠は明らかに弱体である。新しい産業の出現——テレビジョン、航空輸送、ギャンブルなどは第二次世界大戦後に登場した産業の顕著な例である——は、古くからの産業の内部で進行している合同の動きを相殺するに足るものである。

各産業内部の集中度を測定する際には、産業という言葉の不正確さという問題がからまってくる。この言葉が日常の談話や統計上の目的で使用される場合、いくつかのほとんど無関係な生産物をくくって一つの部門にまとめてみたり、逆に相互に代替可能な生産物のあいだに境界線を設けたりしているのである。ウィリス・ジープとキャデラックとはいずれも自動車産業の製品であるが、ジープの価格の切下げや生産の倍増は、ジェネラル・モーターズ社のキャデラック部門にはあまり重要な意味をもたない。銅、真鍮、アルミニウムは多くの用途で代替が可能な関係にあるが、まったく別の産業の生産物となっている。それと同時に、ほぼ同一市場に製品を供給している一群の企業を一つの産業としてとらえる考え方は実際面で役に立ち、事実そうした考え方なしには事は進んでいかないであろう。

屁理屈を応酬しあう無類の恰好の場を提供するこれらの問題にもかかわらず、[7]以上の諸研究は、少なくともアメリカ経済の重要な部門にかんしては、少数の生産者が個々の市場を占有していることを確認している。自動車、農業機械、タイヤ、紙巻タバコ、アルミニウム、酒類、肉製品、銅、ブリキ容器、事務機器の生産においては、一九四七年に最大三社が取引量全体の三分の二以上を占めていた。鉄鋼、ガラス、工業用化学製品、酪農製品の部門では、最大六社が三分の二を占めていた。一群のこれほど重要でない、あるいは派生的産業においても、同じ程度の集中が存在している。さらにガソリン、セメント、混合肥料、ミルクなど、市場が必然的に地域的ないし地方的な若干の産業部門でも、典型的な場合、市場は同じように少数の売り手のあいだで分割されているのである。[8]

同一の市場で取引している企業の数が多いまま変らず、単一の企業であれ少数の企業であれ、取引高全体に占める比率があまり大きくない産業が多数ある。だが規模の大きい重要な経済部門では――事実、一般にアメリカ資本主義を代表すると考えられる諸産業部門については――明らかに事情が異なる。それどころか、市場構造にかんする今日の指導的な研究者の一人が結論しているように、「アメリカの市場構造の研究によって明らかにされた主要かつ一般的な指標の一つは、生産が比較的少数の売り手に集中しているのが支配的なパターンであるということである。」[9]この結論を受け入れれば、市場が多数の生産者によって占められ、一般的な購入価格や販売価格に影響を及ぼせるほど大きい生産者はいないという考え方に立つ資本主義理論にとり打撃となるのは明らかだろう。

3

この間に、経済統計とは別に、経済理論もまた競争モデルに深刻な打撃を加えた。経済学者は以前から多数者の競争に一つの重要な例外を認めていた。それは独占の特定の場合――つまり一つの企業がある産業部門の生産物をすべて完全に支配している場合――であった。経済学者がこうした――競争かあるいは独占かという――二極的な産業の分類に固執しているかぎり、経済にかんする適切な仮定としての競争の地位は比較的安定していた。それは独占――単一の企業による絶対的な独占――がきわめて稀であり、単なる好奇心の対象といった域を出ていないからであった。公益事業を別にすると、第二次世界大戦前には、唯一の例、つまりアメリカ・アルミニウム会社があるだけであった。[10] 独占がこれほどに例外的であるかぎり、競争こそが常態であるにちがいない。経済は総体としては、競争が支配的でなければならないということになる。

一九三二〜三三年に、アメリカとイギリスの経済学者（ハーヴァード大学のE・H・チェンバレン教授[11]とケンブリッジ大学のジョーン・ロビンソン夫人[12]）の共同攻撃にさらされて、競争かあるいは独占かという市場にかんする古くからの二極的分類は廃棄された。純粋に競争的でもなく、完全に独占でもない市場の新しいカテゴリーが、これら両者の中間に認知された。この中間地帯に、市場が競争と独占の双方の特徴を有する産業があったのである。それらの産業は独占的であるか、あるいは不完全に競争的であった。

市場を二つではなく多数の型に分類する考え方が確立されたことは、この新しい理論の最も影響力の大きい貢献であった。それは当時はまだ完全に予知されていたわけではなかったが、古い意味での競争にたいする信頼が消滅したことを意味していた。今や、実在しそうにない独占の概念を持ち出すまでもなく、ありそうにない競争の仮説に代りうるものが登場したのである。多数の売り手による競争――つまりモデルとしての競争――は、単一の売り手による市場の支配と同様に、やがて極端な、ごく限られた場合とみなされるようになった。さらに日常の観察のみならず、統計的な調査からも、中間的な型の市場――つまり寡占と呼ばれるようになった売り手が少数の市場――が際立って重要性を帯びてくることが明らかとなった。寡占が競争や独占のいずれとも異なるものと認識されるや否や、それはしだいに産業経済を理解する際の主要な仮説として競争にとって代るようになったのである。

しかしながら、寡占と競争モデルの競争とのあいだには、大きなへだたりがある。売り手が少数である市場での価格形成は、個々の企業の行動によってかなり影響を受けるだけでなく、個々の企業は自分の行動にたいする他の企業の反応をも考慮に入れなければならない。もしも産業全体にとって何が有利であるかを正確に評価して行動した場合には、他の企業もおそらくそれにならって従ってくることだろう。だがそうでない場合は、いずれの企業も従おうとはしないだろう。個々の売り手がいかなる行動の利点をも産業全体の利益という観点から考える場合、その売り手がほぼ独占体と同じような思考をしているのは明らかである。したがって寡占が一般的な経済を想定する場合、そこでは独占体の力と似た力が多くの市場、おそらく大多数の市場において行使されていると想定せざるをえない。

実際問題として、事態はより単純であると同時に、より複雑である。より単純というのは、売り手

が少数である大部分の産業においては、やがて一つの企業にある程度の指導力を発揮するのを許すような暗黙の了解が広まるからである。この企業は、多かれ少なかれ、その産業部門の他の企業の反応を考慮にいれながら、自ら妥当と考える価格政策の決定を行っていく。他の企業はその先導に従う。他方で事態がいっそう複雑であるというのは、非常に強力な需要がある場合を除き、いかなる企業も価格の引下げに率先して乗り出すことができるからである。これは通常他の企業にも同様の行動をとらざるをえなくさせる。価格の引上げの場合は同様の強制力は存在しない。大タバコ会社はいずれも、自社の価格を引き下げることにより紙巻タバコ全体の価格を引き下げることができる。だが自社の価格を引き上げることにより他の会社の価格を同じように引き上げさせられる保証はない。独占の場合と比べ、寡占の利点の一つは、価格の引下げを最も有利であると考えることのできる企業が、支配的地位を占めるという点である。

寡占のもとでの価格形成は、種々の売り手の製品間で、完全な代替が可能ではないという事実によっていっそう複雑になる。フォードとシヴォレーとは別物であり、両者の相違は双方の会社の広告により精力的に誇示される。このことは、フォードとジェネラル・モーターズの両社に価格の点で幾分かの独立性を付与する。これほどではないが、鉄鋼や硫黄のように、化学的にはまったく同質のはずの製品についても、同じことがいえる。慣行、企業の個性、配達の条件や速さなどによって、若干の価格の相違にかかわりなく、顧客を引きつけることができるのである。[13] しかしながら、これらは些細なことである。重要なのは、独占的競争あるいは不完全な競争が、競争モデルを築くもとになっていた競争の古い概念の破壊に道を切り開いたことである。今や何がそれにとって代ったか検討すべき

ところにきた。

4

寡占あるいは潜在的独占が想定される場合、もはや以前の社会的効率の目標はいずれも実現をみないということは、古い学説にとりかなり手ひどい打撃である。生産者は今や自社の製品の価格にたいしある程度の支配力を有している。したがって価格はもはや効率的な生産者を選び出し、彼に最も効率的な活動の方法や規模を採用させ、非効率的で無能な者を駆逐するような非人間的な力ではない。価格とは、効率的な生産者と無能な生産者とが同じように気持よく、非効率的な場合でも利益を得てやっていけるように、生産者の頭上にさしかけることを暗黙のうちに同意された傘であると考えることができる。以前の議論の仕方で考えると、そこにはもはや技術的進歩の保証はないということになる。ある産業部門に多数の生産者がいる場合、そのうちの誰かが新機軸を採用するのは確かである。そしてこの先駆者はそうすることにより、他の者をも否応なくこれに従わせる。進歩に抵抗することは破滅することになる。だがごく少数の生産者しかいなかったなら、誰も率先して改良しようとしないこともありうる。少なくとも、すべての者が利潤をあげうる心地よい停滞のほうを好み、それを一致して選ぶ可能性がある。

売り手が価格にたいする支配力を得た場合、価格はもはや消費者の需要の増減を反映しない。競争モデルにおいては、購買意欲によって示される消費者需要と生産者の供給意欲とを均衡させるのは、

価格の変動である。価格が暗黙のうちに少数の大企業によって支配されている場合、それはもはや自由に変動せず、生産ももはや価格の変動に自動的に対応するものではなくなる。需要の増加は元の価格のままでは生産を増加させるかもしれない。だがそれは逆に生産を従来どおりのままにしておいて、価格の上昇と潤利の増加を図ろうとする決定に導くことも十分にありえる。

いずれにせよ、どれほど不完全であれ、価格は産業部門自体の利益ということを意図して設定され、生産も管理されるものと想定しなくてはならない。経済学の最も古い結論の一つは、このように設定される価格、つまり独占価格は、競争状態のもとでの価格よりも高く、生産量は少ないということである。こうして、寡占は競争の世界からその効率性の保証を失いながら離れるだけでなく、独占の世界へと至ることになる。しかもこの独占は、以前には社会的効率とはまさに正反対と考えられていたものなのである。

こうした新しい仮説には、ほかにも苦い結論がつきまとっている。寡占を綿密に検討すると、競争モデルのまさに中核である価格競争がきびしく抑制されるだけでなく、また抑制されるべきであることが明らかとなる。企業の数が少数にすぎず、しかもそれらの製品の代替性がきわめて高い産業の場合、一つの企業が価格を引き下げると、前述したように、他の企業も値下げでそれに対抗しなければならない。さもないと、価格の安い企業がさしあたり取引高全体のうち不釣合いなほどに大きな比率を占め、さらに慣行とか顧客の好意などがものをいって、結局のところ、それを保持し続けることになる。他の企業はこれを防がなければならない。その結果、積極的かつ執拗に価格を下げようとする企業がその産業全体の価格と収益の水準を左右することができる。もしもその企業が値下げを続け、

それが他の企業の報復行為を引き起こしたなら、その結果生ずる価格戦争は全体にとって破滅的なものになりうる。そこでは、生産費やその他の配慮によって価格引下げの限界点を設定することはできない。他社の価格引下げには対抗しなければならず、したがってもしこの競争が徹底的に行われたならば、すべての企業が破滅することになりかねない。

競争モデルでは、このような問題は生じない。売り手は価格に影響を及ぼすことができず、誰も破滅的な価格引下げに従事することができないのは明らかである。価格が生産費の水準にまで落ち込んだりしたならば、企業は生産を中止したり、削減したりするであろう。その結果、供給は減少し、価格を安定させ、上昇させることになるであろう。生産費は価格が少なくとも長期にわたりそれ以下に落ち込むことのできない限界なのである。

破滅的な価格の引下げの不安にさらされている実業家は、市場を分割しあっている少数の企業の場合と同様に、慣行によって自分たちを守る。この慣行は、単に価格を競争の武器として使うことを禁止しているにすぎない。だが価格競争を禁ずる慣行は、市場に売り手がごく少数しかいない場合には、きわめて重要な意味をもつ。またこうした慣行はあまりに慣習的なことになっているので、それがよく遵守されている場合、慣行に固執している人びとでさえ、その存在そのものに気づかないといったことがしばしばある。価格はその場合でも変動し続けるし、特に攻撃的で効率的な指導者は価格の変動が他社に不利と判断した場合、そうした価格操作を手がけるかもしれない。だがこれは、他人の市場を侵害したり、顧客を奪い取ったりするための血なまぐさい武器として、価格を利用するのとは非常に異なる。これは慣行によって禁じられており、慣行が厳格に遵守されていない産業では、価格競

争が勃発したというニュースほど人びとを驚愕させることはない。価格競争に訴える者は内密にそうするのがごく普通であり、その行為の不当性は、無責任、詐欺師、不正な競争者、不健全あるいは非アメリカ的な取引行為の罪を犯した人といった、当人を指弾する呼び方によって示されている。価格競争を禁ずる慣行の素朴な弁護者は、慣行破りを攻撃するにあたり人種的偏見の言葉を口にして鬱憤を晴らす始末である。

それにもかかわらず、価格競争を禁ずる慣行は寡占のもとでは避けられない。それに代るものは自滅であり、これは資力を得たいと考える正常な願望をもった人びとにもとより期待できないことであるが、いずれにせよ有益な目的には全然役に立たないのである。少数の売り手による市場が攻撃的な価格競争——競争モデルが要求する抑制されることのない価格の変動——を排斥するのは明らかであるが、経済学者はその事実をなかなか認めたがらない。そして彼らは、価格競争を有害無益であるときめつけている実業家を決まって非難する。だが実業家には当然のことながら、なぜ経済学者が非難するのかわからない。経済学者は、実業家が競争にたいし信念を抱いているかどうかは、競争のためであれば破滅をも辞さないかどうかによって示されると考えているのである。

この新しい理論を明らかにするうえで直面する最後の厄介な問題は、素朴な形態の価格競争が消滅するにつれて、他の形態の競争行為が生じているかもしれないという点である。少数の大企業が支配する市場での報復的な価格競争を禁ずる慣行は、他の形態の取引上の対抗措置にまで及んでいるわけではない。個々の企業は市場の占有分を保持し、さらに増大させたいという願望をもっている。前者は生き残るために、後者は利潤と威信のために、重要である。価格競争が排除されると、競争面のエ

ネルギーは一般に説得することに、特に消費財の場合は、販売技術と広告に集中する。紙巻タバコ製造業者は、自滅的で危険な値下げという手段によってではなく、広告業者の熱心な援助のもとに、ラジオ、広告板、テレビの活用とか、雑誌や新聞を通して、顧客の拡大に努める。これも競争ではあるが、もはやリベラル派が擁護するのにふさわしい種類の競争ではない。それどころか、かつて社会に低価格と高効率をもたらした競争が、今や騒々しいコマーシャルや連続放送劇によって公衆の耳を煩わし、風景を忌まわしい広告板で汚すものに変ってしまっている。競争はこれ見よがしな浪費の営みとなり果てている。アダム・スミスは何という恐ろしいものをもたらしたことか。

いずれにせよ、比較的おだやかな販売競争や広告の場合でさえ、その経費や規模が大衆の需要に応じたものであるなどと、もはや誰も真面目に議論することはできない。生産の効率化を促した以前の圧力は消滅しただけでなく、今や流通にかんする支出の面で余分の経費がかかるようになった。実際に、少数者が支配する市場においては、こうしたことは普通であり、自然なことなのである。

新しい考え方の一つの結果は、経済理論が擡頭しつつある広告産業と鋭く対立する立場に立ったということである。無理もないことだが、広告の役割について真剣に考えている広告業者にとり、余分なものと考えられるのは愉快なことではない。彼らは経済機構全体のなかに占める自分たちの立場を確立し直すような新しい理論体系を考案することなどとうていできなかったので、この国を今日のものたらしめたのは広告にほかならないと、時に激しい調子で主張するにとどまった。広告業者は競争モデルからの後退に際して生み出された多くの難民の一つとなったのである。

## 5

経済学の主流――アダム・スミス、デーヴィッド・リカード、アルフレッド・マーシャルの系統を引く堂々たる流れ――における経済の効率についての一般的な考え方は、ほぼ第二次世界大戦の勃発時頃まで、以上のようなものだった。だが経済学者は、ほとんどすべての点で最もうまく機能すると考えられていた制度が発展したあげくに、ほとんどすべての点で最も不都合と思われる制度が出現しているのに気づいた。

大半の経済学者がこうした結末に直面した際に抱いた驚愕を誇張するのは、誤りであろう。ある経済学者は同僚が平然としているので、「独占制度の観念は自己矛盾であり、経済学が守ろうとしているあらゆることのまさに否認にほかならないことを認識するように」[14]と訴えかけたほどだった。彼らは、そこに何らの不都合も見出していなかったのである。ハインリヒ・フォン・シュタッケルベルクの場合は個人的悲劇の最たるものであった。彼は新しい理論にたいするドイツの素晴らしい貢献者だったが、国家によって与えられたもの以外、経済についてのいかなる希望も失ってしまったのだった。彼は著名なドイツの経済学者のなかで、ある期間、活発な国家社会主義者になったほとんど唯一の例だった。

若干の経済学者もまた、競争モデルの競争の存在――実在するにせよ潜在的なものにすぎぬにせよ――にたいする同僚の経済学者の信頼を復活させようと努めてきている。第二次世界大戦後の時期

に比較的ささやかに開花した著作活動の一つは、抑制されることのない価格制度の美点、さらには魔力を、祝福する一連の書物や論文だった。だがこうした仕事も、主として純粋な競争にたいする信頼が新しい学説に接しても弱められなかった大衆に人気のある経済学者によって、行われたのである。

こうした経済学者の観念的な面での無関心さは、一九三〇年代以来ずっと、彼らが不況の問題にはるかに大きな関心を寄せ、経済社会全体の営みにより直接関係のある要素の検討に没頭していることにより、ある程度説明がつく。だがそれにもかかわらず、新しい市場理論は深い影響を及ぼした。一世代前には、アメリカの経済学者は、自由貿易の支持という実業家にとり都合の悪い点を除き、実業家の最も忠実な同盟者、そして現状を維持するための最も顕著な擁護者のなかに入るものと考えられていた。幾分新しい考え方の結果として、経済学者はその後、誰にも負けぬほどの気むずかし屋という評判を得ている。経済学という言葉それ自体も、多くの保守派の心の中で、たとえ急進主義とではないにせよ、少なくとも過度にあら探しをする能力と同一視されるようになっている。これは疑いもなく健全な変化であった。経済学者は決して人気者になるべきではない。現在満足している人びとを悩ます者は、同時に現在苦しんでいる人びとを慰める役割をする者であり、アメリカ資本主義はその指導者が非常に厄介な存在と考えるような批判者なしに長く繁栄するだろうなどと、もはや考えることはできないのである。しかしながら、新しい理論は資本主義の基本的な仮定――それは社会にとって効率的であるとする仮定――に疑問を投げかけるという、きわめて影響力の大きい結果を引き起こしたのである。そしてここに、それを摘出することが本書の課題となっている、不安の諸原因の第一のものがある。

（1）本書の二九ページを参照。

（2）一九五〇年代初めの復興金融公社の廃止は、一般に考えられているように競争にとって深刻な打撃だった。全体として、この行政機関はおそらく反トラスト法よりも新企業の参加の自由にいっそう効果的に貢献した。反トラスト法にたいするいかなる重要な干渉も、良心的な人びとから大きな抗議の声を引き起こしただろうという点には、注目してよかろう。だが復興金融公社は、競争をめぐる法的ならびに経済的伝承のなかで祝福される存在だったわけではないので、ほとんど音もたてずに消滅した。しばしば実質よりもシンボルのほうが重視されていることが認められるが、アメリカのリベラル派の場合も例外ではない。

（3）Adolf A. Berle and Gardiner C. Means, *The Modern Corporation and Private Property* (New York: Commerce Clearing House, Inc., 1932; and Macmillan Co., 1932).

（4）Gardiner C. Means, *The Structure of the American Economy, Part I. Basic Characteristics, National Resources Planning Board* (Washington: U.S. Government Printing Office, 1939).

（5）*Ibid., loc. cit.*

（6）The Federal Trade Commission, *The Concentration of Productive Facilities, 1947* (Washington: U.S. Government Printing Office, 1949). しかしながら、他の種類の資産、特に在庫と現金もまた事業の運営にとって不可欠であり、ミーンズの以前の研究においても、比較を有形資産に限定すると、集中の度合が最大限になることを示す証拠があげられる。(Means, *op. cit.*, p. 107 参照。)

（7）興味深く、充実したものとしては、Clair Wilcox, "On the Alleged Ubiquity of Oligopoly," *Papers and Proceedings of the American Economic Association*, May 1950, pp. 67ff を見よ。

（8）Federal Trade Commission, *op. cit.*

（9）*A Survey of Contemporary Economics* (Philadelphia: Blakiston Co., 1948), p. 136. における Joe S. Bain.

（10）もとよりこの会社は現在アルミニウム市場を戦時中に生まれた新しい会社と分けあっている。

(11) E. H. Chamberlin, *The Theory of Monopolistic Competition* (Cambridge: Harvard University Press, 1933).

(12) Joan Robinson, *The Economics of Imperfect Competition* (London: Macmillan Co., 1933). チェンバレン教授の議論とロビンソン夫人の議論とのあいだには、理論上の関心および重点の置き方にかんし相違があるが、しかしそれはここで問題としている現実の動向に関係のあることではない。

(13) 経済学者は一般に「無差別的」ないし「純粋な」寡占として規定される競争の一つのカテゴリーについて研究してきた。だが現実においてと同様、理論上も、こうしたカテゴリーは存在せず、それは廃棄されるべきである。もしも売り手の数が少ないならば、彼らはいつも買い手により顕著な個性の持主として識別されるであろう。そして彼らの製品がまったく同質の場合でも各売り手の個性は同じではないだろうし、実際に同じではありえない。したがっていつも製品にはある程度の差異が存在するのである。

(14) Eduard Heimann, *History of Economic Doctrines* (New York: Oxford University Press, 1945), p.219.

# 第五章　経済的権力の鬼

## 1

競争により社会的効率が最大限に高められるという古い信念が崩れたのと同様に、経済的権力の問題にたいする古い解決法も、市場の集中という新しい手段と新しい考え方により、深刻な打撃をこうむった。競争モデルの競争は、私的な経済的権力の問題を、それを少なくとも危険な形においては、誰にたいしても否定することによって解決した。独占企業はもともとごく稀な例外だったのである。独占体はその価格と生産について、したがってその社会のある部分の富と福祉にかんし、絶対的な権力を有していた。だがそうした権力は邪悪であり、見つけしだい解体するか、国家による規制に従わせなくてはならないと考える点で、独占体自体を除き、すべての人の意見は一致していた。独占体にたいする規制は、競争モデルにおいて、国家が経済面で権力を行使しなければならないと認められた少数の例の一つであった。

もしも典型的な産業部門でごく少数の企業しか存在せず、そしてこれらの企業が利潤と生存の双方のために不可欠なものとして自分たちの相互依存性を認識したならば、私的な権力の行使は経済社会

における例外というよりもむしろ通例となる。それはまたかつて独占と結びついていた権力と同質のものである。これが新しい考え方の明白なる結論だった。そしてかつては理論上認識されたにすぎなかったそうした権力が実在するということを、現実を観察することにより容易に立証することができた。長年にわたり鉄鋼産業における価格の先導役を務めているUSスチール社の経営陣は、自社の鉄鋼につける価格を引き上げたり引き下げたりする権限を保有している。彼らがこの権力を行使すると、通常、産業全体がそれに従う。そして同一の経営陣が新工場の建設場所やその規模、配当の支払い額、さらに定期的に行われる労働組合との交渉結果に従い支払うべき賃金について決定を行う。彼らはこれらすべての問題について自由裁量権を有しており、これらは決して市場の力によって自動的に決まるのではない。これらの決定はまた、数十万の人びとの富や所得に影響を及ぼす。こうしたことは、鉄鋼業のみならず、アメリカの産業の基幹部門についていえることであった。新しい理論はこのような権力の存在を示唆し、それは、現実を観察することにより確認されたのである。

私的な経済的権力にたいする積年の批判的な態度や、独占という言葉に長いあいだ込められてきた敵意を燃やさせるような意味合いに照らして考えると、独占体に付随する経済的権力が経済界におけるごくありふれた現象であると認識することほど心を乱すものはありえない。だがそうした権力の露わな姿が、今や視野に飛び込んでくる。その存在は統計によって確認され、その本性は理論によって明らかにされている。だが経済学者も実業家も、リベラル派も保守派も、誰もが、こうしたこれ見よがしの品のないむきだしの権力にたいし、どう対処したらいいのかまったくわからなかった。

## 2

アメリカのリベラル派の伝統においては、私的な経済的権力の存在が発見されるや、ただちにそれを抑圧すべきであるという要求が出てくる。経済的権力が古い意味での独占と結びついているかぎり、リベラル派は出来あいの処方箋を有していた。リベラル派は攻撃的な独占体にたいし、その解体を意図して、シャーマン反トラスト法のもとにそれを摘発するよう要求することができた。あるいは解体が公共事業の場合のように非現実的であるならば、公共体による規制や公有化を提唱することができた。独占が競争の世界における例外――健全な組織体の中の小さな腫物――と考えられているかぎり、これは合理的で、実際的なやり方であった。攻撃すべき標的の数が多すぎることはなく、政府が油断しなければ、競争を監視し、それを円滑に行わせられると期待することができたのである。

アメリカの産業界の大きな部分が独占という様相を呈しているという認識は、リベラル派の態度に重要な変化をもたらすことになる。実際に、それは従来のリベラル派の処方箋にこれまで考えられてきたのよりはるかに深刻な打撃を与えた。少数の悪徳業者を告発することは可能である。だが経済全体を告発することは明らかに実際的ではない。その結果、かつてはリベラル派のあいだで、反トラスト法を政策構想の中心にするという点で意見の一致がみられたのだが、今や三つの立場に分裂が生じているように思われる。まず第一に、自ら設定した課題について十分に検討することなく、独占攻撃用の武器をそのまま寡占の攻撃に役立てようと結論を下した人びとがおり、第二に、一般にあまりよ

く定義されているわけではないが、何らかの政府の規制により、もはや反トラスト法では達成できなくなった課題をなしとげなければならないと結論した人びとがいた。さらに第三として、どれほど競争モデルの立場から逸脱しているにせよ、まだ競争が「機能する」余地ありとみなせるものがあるかどうかを巨大企業間の競争のなかにも見出そうという人びとがいた。これら三つの立場に共通する特徴は、挫折感が非常に大きい構成要素になっていることであった。

時間的にいっていちばん早い反応は、新たに認識され、今やいたるところに存在する独占体の権力にたいし、反トラスト法をいっそう厳格に適用しようと主張するものであった。一九三〇年代後半に、産業界の集中にかんする新しい統計の意義がワシントンで十分に認識されるようになるにつれて、反トラスト法の実施にたいする関心が急激に増大した。サーマン・アーノルドはこの国における最も精力的かつ成功を収めたトラスト告発者となったが、彼がそれを担当する任についたのは一九三八年であった。彼が率いる司法省の反トラスト局の予算は、一九三六年の四三万五〇〇〇ドルから一九四一年には一三二万五〇〇〇ドルへと増加した。（それは以後さらに数倍に増えた。）アーノルドが扱ったものの一つで、一九四六年に最高裁判所が最終判決を下した大タバコ会社にたいする訴訟もまた、寡占に対処する方法を示しているようにみえた。これらのタバコ会社が公然と価格協定を結んだという証拠はなかった。この種の協定は以前から有罪と考えられていた。むしろ各社はただあたかも仲間の会社の福利を十分に理解し、尊重しているかのように行動したのにすぎなかった。そして価格の引下げが全体の利益になることが明らかな場合、あるいはまた逆に価格の引上げが共通の利益になることが明らかな場合、これらの会社のいずれか一社の先導的行動は全体により受け入れられたのだった。こ

れは少数の巨大企業によって支配されている産業部門ではごくありふれたことだったが、こうした企業の行為にたいして有罪の判決が下されたのである。[1] これは独占にたいする古い武器が寡占対策にも持ち込めることを示していた。[2]

しかしより冷静に考察してみると、新しい考え方は結局のところ、独占を個別的ないし例外的というより広く行き渡った一般的なものにすることによって、以前のリベラル派の政策構想にたいする信頼感を弱める効果をもっていることが明らかであった。告発が成功を収めた場合も、その企業を完全に解体しないかぎり、産業の基本的な行動様式を変えるにはいたらない。ある産業部門の企業がごく少数である以上、各企業は全体の福利を考慮にいれて行動するにちがいない。これらの企業にたいし、法律によって強制して、あたかもこれらの企業が経済的権力をもっていないかのように——あたかもそれぞれがとるに足らないほど小企業であるかのように——振舞わせることなどできない。この産業部門の指導的な研究者は、大タバコ会社が告発され（そして比較的軽い罰金を課せられ）た後も、「実質上以前と同じ……価格政策をとり」続けていると指摘している。[3] このことは、結審後まもなく議会の委員会においても強い不満が表明されたのであった。[4]

前述したように、チェスターフィールド、ラッキーストライク、キャメルという三大タバコ会社が活発に価格競争をするなどということは、この商品市場を解釈する理論と著しく矛盾している。この理論によれば、ある銘柄の価格が変れば、すべての銘柄の価格も変るにちがいない。つまり値上げに最初に踏みきった企業は、効果をあげることができないということになる。そしてこの理論は実情を正確に把握している。現実に起こっているのはまさにこういうことであるだけでなく、これ以外のこ

とは起こりえないのである。各社は他の二社の反応を念頭にいれて自社の行動を考えなければならない。独立と相互依存とは同時にはありえず、そして相互依存のほうが実情にかなっているのである。タバコ産業における実際的な問題として、タバコ会社は紙巻タバコの卸売り価格にわずかな差——消費者に反映させたり、小売業者の利鞘に大きな違いを生み出すにはあまりに小さい差——を設けておいても、表面上合法性を保つことができる。(5) タバコ会社にたいする訴訟事件によっても事態が大きく変ったということはなかったし、またこの三社が市場において支配的な地位を占めているかぎり、今後も大きな変化はないであろう。

タバコ会社や、一般に寡占と特徴づけられている諸産業を、多くの小さな企業単位に分解することはおそらく可能であろう。しかしアメリカの裁判所は反トラスト法のもとで矯正策を講ずる場合にはきわめて慎重である。現存する会社を解体したり、子会社の廃棄を強制したりする判決はごく稀であり、今後もますますその傾向が続くであろう。鉄道車輌の製造をブルマン〔寝台車〕の営業から切り離せという命令は、過去二〇年間におけるその種の数少ない例の一つである。しかし、どれほど大きな革命が引き起こされているにせよ、それは訴訟活動によるのではない。

こうしてリベラル派は、時折り生ずる独占は解体するかもしれないと希望することはできても、反トラスト法が寡占に内在する経済的権力を分散させるための効果的な道具であるなどと想像することはとうていできない。三、四、ないし半ダースほどの企業が市場を支配している場合には、いつでも反トラスト法を発動する根拠があると考えたりするのは、アメリカ資本主義の機構そのものが非合法と考えるのと同断である。これは訴訟依頼人が一向に訪れない弁護士にしか意味をもちえない考え方

である。繰り返していえば、市場にかんするこうした解釈は、少数の大企業によって行使される権力は、ただその行使の程度と精度の点で単一企業による独占の場合と異なっているにすぎないという結論にどうしても導くことになる。そして少数の大企業の場合のほうがいっそう重要なのは明らかである。現代の経済において、今なお旧式の独占を探し求めているリベラル派は、ポイゾン・オーク〔ウルシ属の低木〕の林の中でポイゾン・アイヴィー〔アメリカツタウルシ〕を探しているようなものと考えざるをえないのである。

競争にはっきりとって代るものは、公共規制ないし公共計画である。これは長いあいだ競争に代りうる唯一のものと考えられてきた。新しい理論の圧力のもとに、アメリカの若干のリベラル派は意識的にこの代替物に目を向けた。「整然とした自動調節による規制の方策として個人間の競争に期待をかけても、その本性からして、法律によってそれを確立したり維持することがむずかしいので、結局、実を結ぶことなく終ってしまう。われわれは、国家の政策の基盤として、経済的目的を直接選択することを強いられているのである。[6]」さらに多くの場合、古い処方箋にかんする不満は、経済にたいする国家の干渉に好意的な一般的風潮を生み出した。政治哲学者をこの上なく驚かせることになったが、アメリカのリベラル派がしばしば政府による統制の提唱者となったことの理由も、以上のことから説明できるのである。

だが実際には、この代替案の追求はあまり進んでいない。保守派の人びとが最悪の悪夢に悩まされながら想像しがちなのよりも、はるかにおくれているのである。競争に代りうるもので、きわめてもっともらしい代替案は、効果的な競争が消滅している産業を完全に公有化することである。アメリ

カのリベラル派のなかで、その可能性にかんして考察をめぐらした者はほとんどいないのだが、現実に彼らのうちの何人かがそうすることを強いられたら、困惑することであろう。統制機構についても、ほとんど調査は進んでおらず、かりに調査されたとしても、承認されないだろうと思われる。競争がもはや価格を規制するとは考えられない経済機構にとって、計画化のための最小限の必要事項は、国家による制度的な価格統制であろう。今日のリベラル派のなかで、これを適切と考えている者は少ない。リベラル派にとって、それ以上のものは同じように容認しえず、それ以下のものになると、もともとありえないのである。

アメリカのリベラル派によって現在提唱されている国家の介入や計画化にかんする弁護論の多くは、一般論であり、言葉のうえのものにすぎないのが実情である。それは、当人がどこに行こうとしているのかまったくわからない事実を、——うまくいっている場合も、そうでない場合もあるが——多言を弄して隠蔽しているにすぎない。このことは臨時国家経済委員会——TNECと略称されている独占取締りのための委員会——の第二次世界大戦参戦直前のほとんど古典的ともいうべき結末によって例証された。TNECは、産業界の集中の度合にかんする新しい知識を求める要望に応えて、熱狂的かつ献身的なムードのもとに設置された。その調査活動を要求するにあたり、ルーズヴェルト大統領は次のように宣言した。「国民の経済生活を支配する少数者の権力は、多数の者のあいだに分散させたり、国民や、民主的で責任のある政府の手に、移さなければならない。価格を管理・監督し、国家の経済活動を競争によってではなく計画によって割当てようとするならば、その権力はいかなる私的集団にもゆだねられるべきではない……。[7]」そしてTNECの権限を認めた決議は、「財貨とサービス

の生産と分配における経済力の集中、ならびに金融面の支配にかんする十分かつ完全なる研究と調査」を要求していた。ＴＮＥＣは三年間の存続期間中に一万七〇〇〇ページにのぼる記録を集め、多数の（決して無用ではない）報告書と研究論文とを作成した。その結論において、ＴＮＥＣはアメリカの産業は実際に著しく集中が進んでいることを確認した。だがＴＮＥＣは、いかなる重要性のものであれ勧告をまったく行わなかった。現代の最も陳腐な弁明の一つといえるが、このことについて、ＴＮＥＣはその最終報告の中で、「本委員会のメンバーは世界を取り巻くこの大問題を解決するような政策構想を提示することができるなどと考えるほど性急ではないが、本委員会が集めた情報は……アメリカ国民に、人間の自由を保持するためには何をしなければならないか知ることを可能にするだろうと確信している」[8]と述べていた。ＴＮＥＣは調査によって明るみに出された経済の実態を容認することができなかったが、同様に、いかなる代替案をも示すことができなかった。ＴＮＥＣは言葉の毒気のただなかでその課題を放棄してしまった。そして他のリベラル派も同じような口実を使って逃避したのである。

少数の企業によって分割された市場構造の内部においても、経済的権力にたいする抑制が存在する可能性が残っている。つまり、そこでは競争が弱まってはいるものの、依然として機能しており、競争によって私的な市場支配力の行使を最小限にし、しばしばこの構造をいかなる代替可能なものよりも望ましいものたらしめているのである。この論理の進め方は結果を強調したものである。市場は、もしもとりわけ「技術的進歩が行われ、その進歩の成果が価格の低下、生産の増大、価格の改善などの形で消費者にもたらされる……」[9]ならば、十分に競争的ということになるのである。

　こうした結果にたいするプラグマティックな関心の持ち方は健全である。それは新しい市場理論の擡頭に続いて生じた悲観的見方を和らげる役割を果たした。有効競争《ワーカブル・コンペティション》という概念は、理論としてはお粗末なものが現実における全体的な結果としては十分満足しうることがよくあるという、とかく見落されていた点を認識している。この概念の難点は、理論上うまく機能しないことが実際にはなぜ機能するのか、その提唱者自身が明らかにできないでいることにある。私がいま示すように、その原因は競争にかんする先入観にある。競争モデルにおいては、ある生産者の力にたいする抑制は他の生産者たちの競争によって行われた。つまり、それは市場の同じ側から生じるとされた。顧客を搾取しようとする売り手の性向も、顧客によってではなく、道路の向う側の売り手や同じ市場の他の多くの売り手により抑制されると考えられた。したがって、ある市場における少数の大きな売り手の一人の行動にたいする抑制力を探求するにあたり、同業者のあいだにそれを求めたのは当然であった。競争は、競争モデルのそれとは異質なものであるにせよ、探求すべき対象であることには変りなかった。実際に、競争は私的な市場支配力にたいする唯一の現実的な抑制力であると考えられた。そして競争にかんするこうした先入観により、研究者は市場支配力にたいする現実の抑制力――競争ではなく経済を機能させる抑制力――を見落としてしまったのである。このことについては、後の数章で考察する。

## 3

一見したところ、実業家の地位――特に大会社の首脳部の地位――は、市場支配力という問題が新たな様相を呈して現われたことにより、かなり強化されたように思われる。実業家の市場支配力は十分に視野に入るようになったが、それに危惧の念を抱いた人びとの立場は絶望的なまでに分裂していた。ある者は自分自身の分析の論理に即して、現代の法人企業の構造全体の改造――つまり多数の小単位の企業への解体――を求めた。それが成果として何ものも生み出すことができなかったのは確かである。また社会的規制について呼びかけ（あるいは熟考し）たがる者もいた。だが彼らは社会的規制についてはっきりと定義しなかったし、もし定義したとしても、まちがいなく警戒心を強めたことだろう。さらに何か一般的なやり方で経済をうまく運用できると語る者もいた。その間、実業家は平静でいることができた。彼らは不快な状況にあるとは考えられない経済において、われわれが権威にたいしていかに批判的な態度をとろうと、かなり大きな権力を行使し続けることができたのである。

いっそう冷静な気分になると、実業家は反トラスト法の適用の強化を提唱している人びとについて、寛大な気持を抱くことさえできたろう。疑いもなく、反トラスト法は、アメリカ社会においては批判者にたいする一種の避雷針として重要な役割を演じてきた。アメリカの急進派は、現実の状況に不満を抱くとき、あるいは不正を考えるものに対処する方策が思い浮かばないとき、いつも頼りにする処方箋があるといわれている。それは反トラスト法をいっそう厳格に実施するよう要求することである。

多くの者にとり、反トラスト法は万能薬と考えられていた。それはかつて価格の上昇を抑え、インフレーションを防ぐ方策として厳粛に発動されたことさえある。アメリカ経済におけるいかなる基本的な変化も、こうした反トラスト法の実施から生じることはなかったし、今後もありそうもない。こうして実業家は、リベラル派の批判者が大胆かつ根拠のある方策を提案したと考えている場合でも、不安を抱くべき理由はないのである。もしも反トラスト法が適用できないとしたら、したがって批判者が過去において他の方法を採用していたとしたら、あるいはいずれそうするならば、実業界の権力にたいする挑戦は手強いものになるかもしれない。

だが実際は、事態ははるかにもっと複雑である。巨大法人企業の首脳部は、自分自身であれ、その企業としてであれ、大きな経済的権力を有しているなどと認めようとはしない。その理由の一つは習慣上のことである。競争モデルは、企業とその首脳部を市場の力によって操られるロボットとしてきた。したがって誰しも使いなれた弁護論を繰り返すのは当然である。さらに、実質的な経済的権力を有していると実業家自身が認めると、まちがいなく彼らにとり不愉快な結果を引き起こすことになるだろう。いかなる者であろうと一般市民の物価や、賃金や、富や、所得を支配する権利がないという信念を前提とすると、権力の所有を認めることは犯罪を認めたことになる。いかなる実業家であれ、そうした譲歩をしたりすれば、特別のケースとして、国民ならびにおそらく司法省の注目を自分の企業にひきつけることになるであろう。

大企業の首脳部が、権力を行使するのは自由裁量によるのではなく、必要性に迫られてである——つまり彼の企業の規模と市場におけるその占有率からして意のままに責任を放棄することなどできな

いのである——と主張することは、論理的には可能であっても、実際にはできない。そのように論じることは、ある種の社会的規制ならびに彼自身の管理力を検討することの正当性を認めたことになるのである。それは彼が権力を賢明に行使していると主張する助けにならないし、また公共の利益がすべてに優先すると認めることにもなる。実業家は本来、公共の利益のための調停者であり、保護者であるなどと、主張することはできない。歴史家は、一九〇二年にリーディング鉄道会社のジョージ・F・ベアが行った「労働者の権利と利益は……神がその限りなき叡智によってこの国の財産上の利益の支配権を授けたキリスト教徒によって守られ、育まれるだろう」という不滅の宣言を大いに揶揄してきた。それ以後、いっそう賢明な人びとは古典的な弁明法、つまり彼らは一つの機構の歯車にすぎず、権力を賦与されてなどいないという弁明のほうが、劇的というわけにはいかないが、いっそう安全であることを見出した。

だが新しい理論は、実業家のそうした権力の否認と正面から矛盾する。そしてこの理論は従来の弁明とは相反するような実業家の日常的な決断が、その裏付けとなっている。実業家は市場によって支配されているのだと釈明しながら、他方で鉄鋼価格の引上げに賛成するか否か、ニューイングランド地方やデラウェア川沿いに新工場を建設するか否か、あるいは賃金の引上げや年金や年間保証賃金の問題にかんして労働組合と対決するか譲歩するか、について決断を下さなければならない。そしてこれらの決断は多くの人びとの所得や福利に重要なかかわりを有しており、そうした決定を待ち受けている社会からそれを隠すことなどとうてい不可能なのである。

権力の所有を否認したことにより、実業家は反トラスト法との関係で同じあいまいな立場にとり残

される。実業家は自己を弁護する原理と反トラスト法とが完全に一致しているのを否定することはできない。競争は理論上、彼が重要な市場支配力を行使するのを防ぎ、いま手中にしている力で満足させる。彼が競争を強制したり強化しようとする措置に反対できないのは明らかである。

しかし自ら行使する権力——自ら引き受け、下さなければならない決定——によって、実業家は反トラスト法のもとで告発を受けやすい立場に立たされる。彼は自分の決定がその産業全体に及ぼす効果について、独占体が考えるのと同じように考慮しなければならない。こうしたことは実業家に、彼自身の行為や部下の行為によっていとも容易に法の枠を越えさせることになりかねない。反トラスト法の担当機関の財政やその強化状況からみるに、アメリカの大企業の首脳部は生涯に少なくとも一度は法廷に呼びだされることを覚悟しなければならないだろう。そして法廷で、彼は自分自身と体制を弁護する際に拠りどころとしている諸原則そのものを侵したという、嫌悪すべき非難に直面することになる。彼はアメリカ資本主義の基本的な原理にたいする裏切り者としてさらしものにされることだろう。これは愉快なことではない。事実上、国民にたいする自己弁護は、司法省がまた厄介なまちがいを犯してくれたということしかないのである。企業の報告書を注意深く読めば、こうした弁護がどれほど頻繁に行われているかがわかるはずである。特に行政権が共和党の手中にあるときには、この種の訴えは空虚な響きしかもたない。訴訟にまつわる罰金や経費よりも、こうした実業家の立場のあいまいさに、反トラスト法による告発が悪夢として特別に厄介だと考えられている理由がある。これは不運な自由企業のために同情を求めているのではない。われわれの社会では、彼は悩むことにたいして報酬を支払われているのである。厄介事のない実業家は収入を得られないだろう。だがこうした

いっそう辻褄の合う合理的説明を手にすることができるのである。

（1）これは完全に決まりきったことというのでもなかった。というのは一九三三年に生じた価格の一般的な低下は、ちょうど一〇セント商品などの廉価商品が主要会社の販売に深く食い込みつつあったときに起こったからである。価格はこうした脅威が減退した一九三四年に引き上げられた。こうしたタイミングが、裁判所に強い印象を与えたことは疑いがなかった、*American Tobacco Co. v. United States.* 328 U.S. 781（1946）.

（2）この事件を迎えた楽観論にかんする華麗かつ充実した描写として、Eugene V. Rostow, *A National Policy for the Oil Industry* (New Haven: Yale University Press, 1948), pp.123 ff を見よ。

（3）William H. Nicholls, "The Tobacco Case of 1946," *Papers and Proceedings of the American Economic Association*, May 1949, p.289.

（4）"Monopolistic and Unfair Trade Practices," House Report 2465, 80th Congress, 2nd Session, December 1948, p.11.

（5）Nicholls, *op. cit.*

（6）Arthur R. Burns, *The Decline of Competition* (New York: McGraw-Hill Book Co., Inc., 1936), p.529.

（7）Message of April 29, 1938. Quoted in *Monopoly and Free Enterprise* by George W. Stocking and Myron W. Watkins (New York: The Twentieth Century Fund, 1951), p.52.

（8）*Final Report and Recommendations.* T.N.E.C. Document 35（Washington: U.S. Government Printing Office, 1941）.

（9）Edward S. Mason in "The Antitrust Laws: A Symposium," ed. by Dexter M. Keezer, *American Economic Review*, June 1949, p.713. メーソン教授は有効競争《ワーカブル・コンペティション》という概念の指導的な提唱者である。この概念それ自体はJ・M・クラーク教授の独創的な見解に負うところが大きい。（"Toward a Concept of Workable Competition," *American Economic Review*, June 1940）.

# 第六章　不況恐怖症

## 1

これまでに論じてきたアメリカ経済と政治形態の諸問題は、大部分が観念の領域そのものである。それらは、かりに日常の経験からほとんど裏付けが得られなかったとしても、不安感や危惧の念の原因となっていたであろう。だが無視できない警告の根拠となるには、経験――つまり大多数の市民にアメリカの資本主義の効能と安定性について疑問を起こさせるような経験――による触媒作用が必要であった。そうした経験は大恐慌によりきわめて強力な形で提供された。

資本主義経済の競争モデルは、前に述べたように、価格や生産の律動的な変動や失業者の一時的な増大が起こりうることを認めている。だがそれは破局的な、また持続的な不況の可能性については考慮していなかった。経済学者、そして彼らを通して、政治家、実業家、ならびに一般国民は、生産行為そのものがほぼ完全雇用の状態で生産されるすべての財貨にたいする購買力を供給するという快い原理によって、そうした悲劇的なことについて考える必要性から解放されていた。

一九三〇年当時の世代のアメリカ人は、まだ本当に深刻な恐慌を経験したことがなかった。一九

二〇年末から二一年初めにかけて、物価と所得の面で急激な下落が生じ、雇用も物価も所得ほどではないが減少をみた。だが回復は速やかだった。そのうえ、この出来事全体が第一次世界大戦ならびにその余波ときわめて密接に結びついており、経済学者が好んで外部的要因と呼ぶもののせいにすることができた。不利な立場におかれていると考え続ける農民を除き、ほとんどすべての者から、この不況は物価と利潤の戦時インフレーションにたいする必然的な反動としては片づけられていた。以前の比較的深刻な不況としては、前世紀にまで遡る必要があった。

アメリカ国民は一九二九年にはじめて、この国の経済にたいする信頼を動揺させるような運命に遭遇したとしか考えられない。こうした動揺を生み出すのに、大恐慌ほど精巧かつ入念に仕組まれたものはありえないだろう。まずはじめに、数千人もの罪のない人びとの生活や財産がかかわりをもつ株式市場における突然の劇的な大暴落という、衝撃的な出来事に見舞われた。これらの人はその時になってはじめて、この破局の責任が自分たちにないことに気がつくといった有様だった。それに続いて、生産、物価、雇用が容赦なく減退し、二年余りのうちに、国民生産額はほとんど半分に減り、一二〇〇万人の労働者——一九二九年より一〇五〇万人の増加となる——が、大部分が頼りになる生計手段をもたぬままに、職場から放り出された。まだ職についている人びとも、次に首を切られるのは自分ではないかという不安に脅かされながら生活していた。一方、数十万人の豊かな人びとも突然取り返しのつかない貧困に落ち込んだり、やがてそうなるのではないかという背筋がぞっとするような不安にとりつかれていた。実業家や銀行家がこの暴落から逃れていたとしたなら、この国の安定にとってまだ少しはましな状況だったろう。だが彼らの窮状もよく知られており、資本主義制度が難破

したとき、彼らにもそれに対処する方策が全然ないことがあまりに明瞭に示されていた。破産した銀行家は、失業した労働者と同じくらいニュースでもありふれたものになっただけでなく、いっそう国民の気分を滅入らせた。恐慌はすべての者の生活を公平に破壊したのである。

他に希望を託せるものが何もなくなったときでも、なおかつ恐慌は一時的にすぎないという点に一縷の望みを抱くことができた。好況と不況とは交互に訪れるというのが競争モデルの最小限の約束であった。競争モデルの弁護者はこぞってこの心もとない原理を頼りにした。ところが最も意地の悪いことに、恐慌は一〇年間も続いた。アメリカの恐慌は自動的に回復する――つまり峠を越せば良くなる――という考え方そのものが物笑いの種となった。この点をいっそう強調するかのように、一九三七年夏頃にいたる穏やかな景気回復ののち、――それでもなおかつ七〇〇万人から八〇〇万人の失業者がいたが――再び一九二九年当時のそれよりさらにいっそう急激な生産の縮小が襲ってきた。一九三〇年代の大恐慌は決して終ったのではなかった。それはただ四〇年代の戦時大動員の下で消滅したのにすぎなかった。この時期全体を通して、恐慌はアメリカにおける平和時の普通の状態、懸念しつつも、また当然のことと覚悟しなければならない状態となった。

アメリカ国民の行動や態度に刻みつけられた痕跡の深さからはかると、大恐慌は明らかに独立革命以後のアメリカ史上の最も重要な二大事件の一つとして、南北戦争と肩を並べている。それとは対照的に、大多数のアメリカの人びとにとり、第二次世界大戦はほとんど偶然的で心地よい経験であった。二度と職を得られないのではないかと不安に思っていた数百万の人びとが職を見出した。数十万の人びとが退屈きわまりない平凡な職場の決まりきった仕事から脱け出した。社会が自分たちに責任ある

仕事を授けてくれるなどと決して考えたことのない男女が、今や能力を遺憾なく発揮して、重要な任務を果たしている自分の姿を見出した。戦時下に戦場に送られるという不快な運命に立たされ、強烈な郷愁や、恐怖、肉体的苦痛とか重傷、さらには死を経験させられたのは、少数の者にすぎなかった。これらの人びとは少数派だったため、戦場での苦しい経験は何ら永続的な痕跡を残さなかった。だが他方で、国民の大多数を苦しめた大恐慌は拭いがたい跡を刻みつけたのである。

大恐慌は、アメリカ国民が自分たちの経済にたいして抱く不安感を著しく強めただけではなかった。それはまた経済面の行動様式にも重要な影響を及ぼした。第二次世界大戦後の数年間、恐慌が再発するのではないかという不安が、大多数の実業家の予測における支配的要素になっていたことには疑問の余地がなかった。実業界は経済的危機の不安を表明すると、それが現実に危機を招来させることになるのではないかと恐れて、そうした不安を国民の前で口にするのを周到に差し控えてきたが、こうした慣習により、実業界が抱く懸念の多くは隠されてきたのであった。それにもかかわらず、一九四六年に『フォーチュン』誌がおよそ一万五〇〇〇人の指導的な経営者にたいし、「今後一〇年間のうちに大規模な失業を伴う深刻な恐慌」が発生すると予想するかという質問を行ったところ、――この質問では問題にしている災厄の規模の表現は控えめなものではなかったにもかかわらず――回答者の五八パーセントが、恐慌は発生するであろうと答えた。残りのうち、否と答えたのはわずか二八パーセントにすぎなかった。(1) 同じ時期に、労働者側も雇用水準を維持する方策に心を奪われ、農民も恐慌時の支えとなるべき支持価格に関心を集中させていた。急進派さえかなり前から、資本主義の下での不平等とか搾取、あるいはその「固有の矛盾」といったことについて口にしなくなっていた。

彼らはただその経済的成果がまったく頼りにならないことを強調するにとどまった。

これらの態度はその後変化している。時が経ち、繁栄が持続するとともに、不況の不安は幾分弱まった。一九四九年、ついで五四年に、小さい景気後退が起こり、それらもはじめは新しい災厄の始まりとみなされたが、景気の回復は速やかだった。こうしたことも確信をいっそう強めた。実業家や、政権を担当する政治家に、すべては順調にいくだろう――つまり繁栄はいつも保証されている――と発言させる慣習も、楽観主義的機運を著しく高めた。そしてこのこともまた効きめがあった。

国民や、その態度、願望、希望、不安を与件とみなし、しかもそれらは次の世代に移ってもだいたい同じであると考えるのが、経済学者の習慣となっている。だがこれらの態度における変化がきわめて重要なのは確かであろう。この章の以下の部分では、大恐慌によって形成された態度を扱う。そしてのちに、最後の章で、私は思いきって不況恐怖症からの脱出の結果について、若干の考察を行いたい。不安は疑いもなく有害なことである。われわれはそれを賛美することはめったにない。だが私は、不況にたいする不安が、これまでわれわれが想像していたよりももっと好ましい影響をわれわれに及ぼしたと主張したい。

2

一九三〇年代半ばまでに、労働者であれ、実業家であれ、農民であれ、失業者であれ、一般の人びとは、アメリカの資本主義について疑いなく各自の結論をもっていた。競争モデルの結論にみられるよ

うに、安定した物価と完全雇用の均衡のとれた状態がアメリカ資本主義の常態になっているかと質問する者がいたら、これらの人びとは質問者に優秀な医者の診察を受けたほうがよいと勧めることだろう。しかし思想が影響力をもつには経験の裏付けを必要とするように、経験も思想による解釈を必要とする。その時はじめて、それは一般化の——つまり一つの理論の——基礎となるのである。大恐慌は、思想が介入しなかったならば、単に大きな事故として考えられるにとどまったかもしれない。思想による吟味を通して、恐慌ならびにその対照的なものとしてのインフレーションは、規制や管理を受けぬ資本主義経済の通常の動きのパターンとして理解されることになったのである。こうした気を滅入らせるような分析は、一つの救済策、多くの経済学者や国民一般から熱狂的に受け入れられる救済策を伴うが、それは異端的であり、騒ぎを引き起こしかねないものだった。慢性的な病気であると告げられている病人にとり、その病気には痛みのひどい荒療治があると知らされても、それはごくわずかに心の安らぎになるにすぎない。

恐慌を解釈して、恐慌もインフレーションも今や安定した完全雇用と同じくらいに自由企業に不可避的につきまとうものであると警告したのは、ジョン・メイナード・ケインズの思想である。ケインズの思想が今世紀前半における最も影響力の大きな社会思想であると主張しようと思えば、いくらでも事例をあげることができよう。思想の役割と行動の役割とをそれぞれ適度に考慮して考えると、ルーズヴェルトよりもケインズのほうが、現代の経済史にいっそう大きい影響を及ぼしたといえるかもしれない。ケインズの最後の著書『雇用・利子および貨幣の一般理論』[2]は、たしかにそれ以前の三人の経済学者の著書——スミスの『国富論』、リカードの『経済学および課税の原理』、マルクスの『資

本論』――のみがなしえたような歴史の進路を決めるほどの重要な役割を果たしたのである。

これは、ケインズ自身により強く支持されている判断である。一九三五年初めに、ジョージ・バーナード・ショーにあてて、ケインズは「……私は経済問題にかんする世界の考え方をほぼ革命的に変える――今すぐにではありませんが、今後一〇年のうちにと想像しております――ような経済理論の本を執筆していると自ら確信しております」[3]と述べていた。この判断は、その後のより広い歴史的な展望に立ってみても、今なお当たっている。

ケインズの『一般理論』は、経済学の用語、さらには経済学の抽象的概念を習得していないならば、一般的に言って知識人さえも読みこなすことができないであろう。その結果、『一般理論』が実際的な問題について影響力をもつには、ほとんど常に仲介者を必要とした。彼の理論について学んだ大部分の人びとは、ケインズ自身からではなく、第一次、第二次、あるいは第三次の仲介者を通じて学んだのであった。解説者はほとんどもっぱら他の経済学者であった。ケインズは流行の思想を周旋するような人びとからは超然としており、実際に彼の理論は知識人一般のあいだにそれとわかるような興奮を引き起こすことなしに、優勢な地歩を築いていった。いずれにせよ、ケインズの著書を一語も読んだことのない数百万の人びとが彼の結論を受け入れたのである。いっそう興味深いことに、もしもケインズ理論の信奉者かと質問されたら憤慨して否定するような数千の人びとが、彼の提案の唱道者となった。ケインズが重要であり、影響力があることは誰もが知っているが、それがどれほどのものであり、なぜかということになると、いつも驚くべきほどにあいまいなのである。

ケインズの所論の主要な結論――一般的に最も重要であり、かつ本書に関連のあるもの――は、不

沉と失業とは決して異常ではないという点である。（これほど明確に指摘されているわけではないが、インフレーションも同様である。）それどころか反対に、経済はいかなる活動水準においても均衡状態に達することができる。アメリカにおける生産が、すべてないしほとんどすべての働く意思のある労働者が職を見つけうる水準に保たれる可能性は、四〇〇〇万、六〇〇〇万、八〇〇〇万、あるいは一〇〇〇万の労働者が失業状態におかれる可能性よりも大きくはない。あるいはまた、商品にたいする需要がその経済の完全雇用状態における供給能力を越えることもありうる。したがって平和時においてさえも、物価上昇を絶えず促す圧力、つまり多かれ少なかれ深刻なインフレーションを引き起こす力が存在しうるのである。

本書はケインズの理論を解説すべき場ではない。しかしながら、次章から始まる本書のいっそう建設的な作業のためには、若干の主要な論点を理解することが必要である。まずケインズはセイの法則から導き出されるいくつかの結論をほとんど跡形もなく拭い去ってしまった。生産行為そのものが生産された財貨を買う購買力を生み出すという主張は、いかなる水準の生産であれ、それがほぼ安定していることを意味する。購買力の消滅に対応して生産が急激に減少するなどということはありえないということになる。

もとより生産は完全に安定しているわけではない。というのは、ある時点で失業者がいるとすると、これら職のない人びとは雇用主が現行の賃金より低い賃金で雇うのをいつも可能にするからである。競争モデルの競争の下においては、そうした賃金の引下げは起こりうるし、その結果、生産費と価格が低下し、それにより販売量が増え、働く意思のあるすべての労働者が職につくところまで、雇用も

増加するものと想定される。[4] こうして、経済の均衡は、ただ完全雇用の場合にのみ安定する傾向がみられるのである。

ある製品の生産行為と販売行為が、その製品の総価値と同等の収入を誰かの手にもたらすのは疑いない。たとえば、自動車に支出された二五〇〇ドルは、賃金、製造会社や販売業者の利潤、配当金、販売業者の手数料、鉄鋼会社への債務の返済や収入などのいずれの形態をとるにせよ、とにかく誰かの手中に収入として入ることになる。それをまた支出するか否かは、この収入の受取り人の自由である。彼が消費した分は明らかに何も問題を引き起こしたりはしない。それは消費されたのである。それは生産された財貨を買うために市場に戻っていくのであり、ここまではセイの理論は正しいことがわかる。

最終的に支出されない部分は、定義上は生産により生じた収入のうち貯蓄にまわった部分とならなければならない。競争モデルにおいては、これは利子率によって調整される。利子率には、ある人びとが貯蓄しようとするものと、他の人びとがそうした貯蓄を借入れ、投資して得られると予測する収入とを同等にするという重要な課題が負わされている。もしも貯蓄量が大きく、他方で新規投資による収益の見通しがあまりよくないならば、利子率は下がるだろう。これは貯蓄者の貯蓄性向を抑え、他方で投資家の投資性向を刺激することになる。貯蓄は減少するが、住宅、水力発電所、機械設備、その他の投資財にたいする支出は増加する。こうして貯蓄が進む結果、購買力が減少するなどということは全然ありえないと考えられていたのである。

ケインズの『一般理論』が登場するかなり前から、利子率とその均衡維持の機能にかんするこうし

た見解は、経済学者のあいだで、あまり信用のおけないものとみなされてきた。それは特にヨーロッパ大陸の経済学者により手ひどく攻撃された。その見解は若い人びとに伝えられ、世代から世代へと受け継がれたが、著名な経済学者のなかで、それをまったく信じていると認める者を見出すことは困難であったろう。さらにこうした利子率にかんする議論を書物の中で展開するのをちゅうちょする傾向さえみられた。――ケインズはかつて、自分が攻撃している理論を十分に展開したものを見出すことができないと苦情を述べていた。[5] だがこの理論から導き出される貯蓄は投資されるか、その他の方法により相殺されるという結論は、概して問題視されることはなかったのである。これにたいし、ケインズは供給と需要に基づかない利子の理論を提起した。それは貯蓄の供給と需要の代りに、国民の貨幣を保有したいという願望――彼はこれを流動性選好と規定した――と他方での利子を生むが流動性に乏しい他の資産を保有したいという願望とを基にしていた。これはすべての点で以前の理論にとって代りうるものではなかったが、それは重要なことではない。ケインズはこの新しい理論を展開するにあたり、他の人びとが失敗してきたこと、つまり利子と貯蓄と投資にかんする以前の見解の不完全さについて人びとを説得すること、に成功したのである。

貯蓄の供給額を利子率を媒介にして投資額と結びつける以前の理論にたいする攻撃は、また完全雇用下の均衡にたいする従来の信念を打ち破るものでもあった。もしも貯蓄が、より正確にいえば、貯蓄しようとする努力が増大しても、利子率の低下が起こらないならば、それに対応して投資が増加し、貯蓄の増加分を吸収するだろうなどと期待することはできない。投資の増加はただ利子率の低下にのみ対応して起こりうるものであり、貯蓄と利子率との関係が断ち切られれば、利子率はもはや貯蓄額

の変動とともに変化する必要がなくなる。その結果、貯蓄の増加は現在生産されている財貨を買うのに必要な購買力の減少を引き起こすこともありうる。その場合、現行の生産規模を維持することはできなくなる。そして生産量と価格は下落し、失業は増加することになる。その結果、貯蓄と当面の消費支出はともに減少し、おそらく最終的には貯蓄が最も減少することになろう。ある時点で、総生産額の減少がそれを上回る割合での貯蓄の減少と相まって、——この間に投資もまたおそらく減少しているにもかかわらず——貯蓄努力を投資意欲と釣合いのとれたものにする。(6)この均衡は低水準の生産と所得の下で達成されることがありうる。失業も高率となりうる。そして大規模な失業にもかかわらず、この均衡はきわめて安定したものになるかもしれないのである。

原則として、失業者はなお賃金要求を引き下げることにより雇用主を見出すことができるだろう。そして実際問題として、都市の数十万の労働者が大恐慌期に農村に戻り、そこでこの方式によって職を見つけたり、自分で仕事を始めた。しかし競争モデルの厳格な原理からあまりにかけ離れ、労働組合が存在し、同一労働や労働者にたいし共通の賃金が設定されているような経済では、こうした救済法が実際的であるかどうかについては、きわめて疑問がある。こうした労働組合が存在する場合には、個々の労働者は現行のあるいは組合が協定した賃金率以下の賃金で働くことに個人的に同意することができない。もとより一般的な賃金切下げはありうる。競争モデルにおいては、そうした賃金切下げによって生産費が下がると、それに対応して速やかに生産増加の動きが出てくることになる。こうした動きは同じように速やかに価格を引き下げるであろう。だがこうした調整機能は、寡占状態にある市場——価格が少数の巨大な売り手によって牛耳られている市場——では考えることができない。(7)こ

うして現代の経済では、賃金の引下げにより生じた購買力の減少が、生産費の低下による生産の増大に起因する所得全体の増加分より大きいということが少なくとも起こりうるのである。不況はなぜ起こりえないかということにかんする以前の説明が破綻するとともに、そうした信念にもかかわらず不況が生じた場合の以前の救済法にたいする信頼感も消滅したのである。

ケインズの理論の要点をはっきり示すには、貯蓄が増加すると何が起こるか——あるいはむしろ何が起こらないか——考えるのが便利である。そしてその重要な帰結は、投資は必ずしも貯蓄を吸収するために増加せず、それよりも貯蓄を投資の水準に一致するまで減少させられるほどに生産と雇用の全体の量そのものが縮小するかもしれないということである。実際問題として、経済学者はほとんど一様に、貯蓄の変動よりも投資の変動を、生産全体に影響を及ぼす重要な要素として重視している。人びとが一定の所得のなかから貯蓄しようと努力する額は、一般に企業が投資しようと考える額ほど変化はしないと想像される。したがって、投資の変動を生産と雇用全体の変動の主要な原因として考えることが習慣となっている。不十分な投資が低水準の生産と高率の失業の要因であるというのが、簡明なケインズ学派の説明ということになる。したがって投資の増加こそがその対応策であるのは明らかであり、原則上、その投資が民間資金であるか公共資金によるかは重要ではない。しかし公共資金の支出が中央の政府の決定によるのにたいし、民間資金の支出はそうではないので、ケインズ学派の政策論では不況対策として直接公共支出に訴えることになる。

公共支出が、ケインズの理論体系に含まれている不況対策のうちの一つにすぎないことは明白である。民間の個人の手中に支出用資金をより多く残すための減税措置や、民間投資を促進したり貯蓄を

抑制する方策も、同様の効果をもつであろう。しかしながら人が有名になるのは、――ヘンリー八世がその妃たち、ルイ一五世がその愛人たち、ダグラス・マッカーサー将軍がその文章で知られたように――常に豊富に有しているものによる。そしてケインズ学派はこの点まさに公共支出と永久に結びつけられるようになったのである。

原理的には、ケインズの理論体系は左右の均斉がとれている。デフレーションや失業と向いあわせに、それとは正反対だが同じように危険なインフレーションが存在している。投資の決定を下す人びとは、社会が完全雇用状態の下で享受する所得から貯蓄するのよりもさらに多額の投資をしようとするかもしれない。ケインズの理論では、利子率を引き上げても貯蓄の誘因として機能しない。つまり人びとに現時点での消費を削減させ、投資の余地を生み出させることにはならない。もしも投資の決定を管理している人びとが、その時点での消費の節約によって倹約することができるのよりも多くの労働力、原料、その他の資源を手に入れようとするならば――そしてもしも労働力が完全雇用状態にあるため、もはや生産を容易に拡張することができないならば――、何ごとかが起こらざるをえないのは明らかである。それは物価騰貴であり、消費を削減しようとする意図のない人びとも――パイプライン建設のために鉄鋼を使えるよう自動車の購入を控えるなど――物価の上昇によって余儀なく消費を削減しているのに気づくのである。

だが実際問題として、ケインズの理論体系は決して均斉のとれたものとして受け取られてはいなかった。不況恐怖症は他の誰にも劣らず経済学者を悩ませた。ケインズは「不況の経済学者」であるという指摘はいい加減であり、かつまちがっているが、彼の理論が最も精力的に探究されたのは不況

との関連においてであったことは事実である。私はのちに、もしもケインズの理論とインフレーションとの関係が同じように真剣に検討されていたなら、巨大法人企業がその製品の価格についてかなりの支配力を行使したり、大きな労働組合と交渉を行う世界では、ケインズの対策が完全に安心できるものではないことがわかるであろうと論証するつもりである。

## 3

英語圏の経済学にたいするケインズの影響は、迅速かつ深いものであった。彼の中心的論点を敷衍した次の見解、つまり総生産と雇用における変化は、本来、経済が投資や貯蓄の動きに順応していく過程に固有のものであり、したがって不況もインフレーションも異常ではないという考え方は、今や広く受け入れられている。彼の理論のより詳細な論点のなかには、がんらい最も強硬に彼の理論に反対していた人びとによってさえ受け入れられているものがある。実際に、ケインズはケンブリッジ大学のピグー教授を古い経済学の理論体系を攻撃する際の象徴として幾分不当に槍玉にあげていたが、ピグー教授は結局、ケインズ理論の多くを受け入れ、彼に負うところが大きいときわめて率直に認めるようになった。[8] ケインズの理論体系はまた、現在一般に広く用いられている経済動向の全体にわたる統計的計量[9]――国民総生産の水準、内容、変化を測定する国民経済計算――のための強固な技術上の基盤を提供した。

第二次世界大戦が勃発するや、今では一般に国民総生産の概要的数字を通してなじまれている国民

経済計算の新しい体系が、アメリカ、イギリス、およびカナダで活用されるようになった。それは、戦時動員政策を導くうえで不可欠であることが明らかとなった。だがそれはまだドイツでは十分に行き渡っていなかった。経済資源を動員するに当たって、ドイツはイギリスやアメリカに比し、手際が悪く、大胆さに欠けていたのであるが、その理由の一つは、彼らが何を生産すべきか、それを軍需と民需のあいだでいかに分配すべきか、資源を当面の用途と投資とのあいだでいかに割当てるか、それに対応して所得をいかに分配するか——これらの情報はすべて新しい計算法により算出されるのだが——といったことについて、民主主義諸国の人びとほど明確な知識を有していなかったことであった。経済学者は慎み深かったので、彼らが政府の手にゆだねた経済政策という武器がこの大戦の勝利に及ぼした影響力は原子力よりもかなり大きかったにもかかわらず、その威力を決して公言しなかった。この点、彼らはおそらく賢明であったろう。もしも彼らの戦時中の重要な役割が十分に認識されていたら、攻撃的な愛国者はほぼまちがいなく、国民所得、国民総生産、それらの諸構成要素、ならびにそれらの計算法をすべて厳格な機密扱いにするように要求したことだろう。

4

さて今やケインズの政治的な影響について考察すべきところに来た。過去一世紀間、国家と経済の関係という論議の多い問題にたいする態度をつくり変えるうえで、彼ほど重要な役割を演じた者はいないからである。

一九三〇年代に、アメリカは政府と経済生活との関係にかんする新しい理論を緊急に必要としていた。アメリカの政党は長いあいだ、経済的繁栄の維持に十分責任をとり、すべての人びとに繁栄を約束すると宣伝するのを習慣としてきた。共和党も民主党も同じような熱心さでこうした宣伝を行っていたが、それが競争モデルにおいて国家に課せられていた役割と矛盾するといった点も、とにかくかなりの繁栄が保たれているかぎり、煩わしい問題とはならなかった。だがそれは政党が深刻な不況と闘わなければならなくなると、厄介な問題にならざるをえない。ニューディール派も従来どおりの公約を掲げて政権についたのであり、政府が繁栄を回復するためにどのように介入すべきかといったことについて、それまでの政府より明確な見解を有していたわけではなかった。

進歩的政権におけるリベラル派の関心が経済の構造に向けられるのは必然的であった。その際競争モデルという先入観念が彼らの思考をこの方向に導いた。つまり大企業が興隆すると、競争モデルからあまりにかけ離れた構造が形成されるため、もはや競争モデルが機能しえない可能性があると考えられたのである。そしてその対策としては二つの道が開かれていた。第一は、競争モデルの下で実業家を社会的に望ましい行動に導くと想定された諸誘因を、ある種の中央の指導にとって代らせ、それにより望ましい結果を得ることである。実業家を政府の支援の下に結集させ、雇用を増加し、賃金と物価を安定させるように指令し、あるいはそうするように同意させることはおそらく可能であろう。あるいはまた第二のやり方として、企業を競争モデルの諸先入観念にいっそうぴったり適合するようにつくり直し、そうすることにより私的諸誘因を再び活力のあるものにすることもおそらく可能であろう。

これら二つの方法は、いずれもきわめて重大な二つの難点を含んでいた。まず第一のやり方は全国復興局（ＮＲＡ）の下で試験的に実行されたが、手段と目的がともに嘆かわしいほどに不明瞭であるという障害に直面した。一九三三年における実業界のきわめて低水準の雇用と投資は、実業家の私的な利害により決定されたものであった。この単純な事実は、実業家を皆いっしょに公正競争規約当局の監督下においても変りはしない。たとえ政府が実業家にたいして自己を犠牲にし、個人的な利益に反しても雇用と投資支出を増加するようにと直接命令を下したとしても、あまり成果はあがらないように思われる。

競争モデルの要請にかなうように経済を改造することが、長い時間を要することは明らかである。大企業を解体し、競争モデルの競争を再現するために時間をかけるのは、不況にうんざりしており、特別に忍耐力があるわけでもないこの国の国民の気質にはとうていあわない。ニューディールの末期に考えられたかぎりにおいては、それはまさしく長期にわたる改革であった。一九三三年には、ただ資本主義をまったく放棄してしまう可能性しか残されていなかった。これは資本主義にとって代るものは何かという問題を提起したが、それについてはともかくごくわずかの共産主義者しかはっきりした考えを有していなかった。ニューディールの初期がそのあいまいな用語――社会計画とか、管理された資本主義とか、産業の自治などにかんする無意味で理解できない議論――の点でアメリカ史上際立っているのは、ほとんど驚くにあたらない。ある問題で行き詰まっても、アメリカのリベラル派はめったに敗北を認めない。彼らは言葉でもって反撃に移るのである。

このディレンマ――そして言葉――からの脱出口を提供したのがケインズにほかならなかった。当

時のアメリカの状態にケインズの理論よりももっとうまく適合する方策を想像することは困難だろう。恐慌が圧倒的に重大な問題となっていた。そして過剰貯蓄とか過少投資[10]といった概念により、政府による介入の性格が規定された。借入とか財政支出、あるいは税制改革などにより、政府は民間支出の不足を補うことができる。そうすることによって、政府は経済を完全雇用の状態に戻し、さらにそれを維持することができる。曇りのない目で見れば、民間企業が決定できる範囲は以前と変らず、そのままである。ジェネラル・モーターズはどのような車を製造するか、価格をいくらにするか、どのように広告し、販売するか、いつ新しい組立工場を建設し、何人の労働者を雇用するか、といったことについて依然として決定を下していた。それがいっそう多くの車を販売できたのは、公共事業の被雇用者が中古のシヴォレーの顧客となり、彼らの職長が新車のシヴォレーを買ったり、契約請負人がビュイックを買ったからにすぎないのである。

政府は常に課税してきた。そして減税をして所得を支出に向けさせたり、あるいはおそらく過度の貯蓄に向うと思われる所得にもっと大きく課税するよう税制を調整しても、それは何ら急進的な変革を含むものではなかった。また政府は常に支出してきた。そして貯蓄に流れる分を吸収し、経済における生産と雇用の水準を高めるという明白な目的のために支出することも、新鮮味はあっても、革命的というにはほど遠かった。政府は少なくともこうした支出の一部のために借入を行った。だがこうして生じた債務は、民間投資が過剰貯蓄を吸収していたら生じるところの民間の債務に照応するものである。いずれにせよ、ケインズ理論のある有力な一派は、失業とインフレーションの時期がそれぞれ適当な間隔をおいて交互にやって来ると仮定していた。（そして、この仮定はまだ完全には廃棄されて

いない。）インフレーション期の対策が失業の場合のそれを単に裏返しにしたもの——つまり増税、特に消費される所得にたいする増税、公共支出の削減、および黒字予算など——のようにみえたので、ある時期の債務は次の時期の黒字の歳入により相殺されると考えられた。予算は正統的な財政論の規範に従って均衡が保たれるはずであり、それにはただ、わずかな時間の経過が必要とされるにすぎなかった。

## 5

リベラル派の人びとはほとんど自動的にケインズの方式を採用した。彼らは保守的な人びと、特に実業家がそれを受け入れるのをためらっていることに当惑した。ここには、恐慌という圧倒的な脅威、資本主義が直面したおそらく革命の可能性を有する唯一の重大な脅威、にたいする防衛策が示されているのだ。しかも実業家は所有者ならびに経営者としての特権を侵害されることなく、それを引き続き維持し、おまけに景気回復の見通しさえ手にすることができるのである。ケインズの方式により、実業家はいったい何を失うことがあろうか。

時とともに、アメリカの実業家はケインズの方式をある程度はっきりと、だが大部分は暗黙のうちに受け入れてきている。しかしながら、よくあるように、ケインズの方式は技術的ならびに社会的変化にたいするわれわれの態度に存在する鋭い分裂に直面した。もしもある人がネズミ捕りの改良を企てたとするなら、企業心のある人といわれるが、もしも社会の改良を企てようとしたら気違い扱いさ

れる。社会の変革を信用しない人びとにとって、利潤が増加するであろうとか、災厄を避けられるであろうといっても、議論にならない。彼らは変化に反対しているのであって、何ものによっても心を変化させることはできない。彼らは原則を墨守する人びとなのである。

ケインズにたいする実業家の反対には、リベラル派が想像するよりもっと積極的な理由があった。ケインズの理論体系は、政府と経済との関係の点でおそらく革命的といえるほどの変化は含んでいなかったが、それにもかかわらず重要な変化を意味していた。政府を排除する理論にとって代り、それは政府を不可欠の存在にした。ケインズは不況やインフレーションは偶発的なことでも戦争が引き起こした災厄でもなく、正常な出来事であると論じたが、それだけで実業家にはすでに十分に不愉快なことであった。ケインズはさらに政府を実業界にとり不可欠なパートナーであると論じた。アメリカのリベラル派の人びとは、アメリカ社会においては権力と政策決定権がどれほど威信を伴うものか認識できなかったので、ケインズの対策が少なくともそれが克服しようとしている恐慌と同じくらい実業家にとり打撃となっていることを認識することもできなかった。たとえ実業家は政府の新しい役割から狭い金銭的な意味で利益を得られるにせよ、彼らの威信が以前と同じようにそのまま維持される可能性はなかった。経済生活において、人びとはそれまで実業家の決定が自分たちの運命を左右するものとみなしていたが、今や政府の決定をそれと同じくらい重要な、あるいはそれにとって代るものとみなすであろう。利子率にかんする財務次官補の決定は今やいかなる銀行家の決定よりも重要である。公共事業の地方官吏の投資にかんする決定は、会社社長の決定よりも大きな意義をもつにいたった。決定権をもつという威信を他の者と分け合うことは威信を失うことである。こうしてケインズ派

の対策は、威信という価値ある財産にたいする攻撃という意味合いを有していたのである。こうした貴重なものを失った人びとがその損失の原因となった学説を受け入れるなどと期待することはとうていできないだろう。彼らの不満の多くは個人的な形で表明された。それは政府や、新しい理論を実行に移した役人に向けられた。だが不満の多くはケインズ自身に向けられた。アメリカにおけるケインズの信奉者たちは、権力に関心を抱くことを否定するわれわれの慣習を額面どおりに受けとめたために、権力が傷つけられたことにたいする不満を理解することができなかったのである。

ケインズの理論体系はまた、遠慮がちにだが、政府の機能と活動の大幅な拡張に道を開いた。それは、ケインズ理論に当然付随する新しい非常に重要な社会的浪費の概念の結果であった。もしも経済の通常の趨勢が完全雇用に向っている場合には、政府による労働力や他の経済的資源の使用は、それだけ民間経済部門による使用を犠牲にすることになる。ダムや郵便局も、民間の消費や投資を犠牲にして建設される。すでに完全雇用が実現している場合には、何かを犠牲にしなければならないのである。だがもしも失業が慢性的に存在するならば、ダムや郵便局の建設には民間の生産や消費を犠牲にする必要はまったくない。そこで使用される労働力、機械設備、資材などは、さもなければ失業ないし遊休状態に置かれていただろう。それらは誰かが使用しなかったら無駄になるのである。こうして再び観念的な作業を通して、逆さまの世界がつくり出された。政府支出は長いあいだ浪費とみなされていたのだが、今や浪費の防止という神聖な名分の下に容認されたのである。また急進派がこうしたパラドックスならびにその根底に横たわる真実から、いついかなる時点のいかなる支出であれ、それを正当化する論理を引き出すのも避けられないことだった。そしてそれがまた保守的な人びとの不快

の種になったのである。

ケインズの理論は、また他の新しい異端的な、脅迫的でさえある推論を含んでいた。たとえば、倹約は古くから善行と考えられ、絶対的な美徳とみなされたことさえあったのだが、それが疑問視されるようになった。それは、過大な貯蓄ならびに不況と関連を有するものとして、罪悪視されたのである。これほど慣習的に善と考えられてきたことに疑惑の目を向ける理論は、それ自体不信感を抱かれざるをえない。われわれは一般に自分たちが選んだ諸原理を守るために深い神学的ともいえる信念を有している。それに異議を唱える人びとはまちがっているというのではなく、邪悪ということになる。倹約に反対の声をあげることほど、悪魔や共産主義に秘かに仕えていることのよい証拠はありえないと考えられたのである。

最後にこの新しい理論は、所得分配と利潤の双方にかんして不快な疑問を提起した。セイの法則は、所得と利潤について、それらが豊富すぎる場合にかんしてもきわめて満足のいく弁護論を提供していた。すなわち、所得や利潤が必要以上に存在する場合でも、それらは結局支出されたり、貯蓄されて速やかに投資されるのだから、経済の運営を損なうようなことはない。それどころか反対に、これらは経済に恩恵をもたらす。個人所得や利潤が高額の場合、消費を促す圧力は最も稀薄である。したがってそうした所得から貯蓄が行われる可能性は最も大きく、それが投資されると、工場、機械、公共事業、動力等の施設が増え、それにより将来の生産が増大することになるという次第である。

だがひとたび貯蓄と投資面でその効用の確実性に疑念がもたれるようになると、高額の個人所得や高額の利潤にたいするこうした弁護論は崩壊してしまう。それどころか、このような高額所得は新た

な攻撃を受けるようになる。もしもこれらが貯蓄の大部分の源泉だとすると、不況をもたらしたのはまさにこれらの所得や利潤ということになる。したがって高額の所得と利潤を平準化することによって、完全雇用時に投資で相殺しなければならない貯蓄そのものを減少させることができる。そしてそれにより経済の安定が促進されるのである。

第二次世界大戦後の一〇年間、企業の利潤はきわめて大きかった。それは戦前、さらには戦時中の数倍に達したほどだった。これらの利潤とそれから生ずる個人所得の適正さ――つまり誰かが不当に大きな所得を得ているかどうか――といったことについては、ほとんど疑問が出されなかった。こうした疑念は以前は高額所得にたいする反対の理由だったが、もはやそうではない。現在では、羨望も、ほぼ同じくらいの所得の人の特権とか財産に思いをめぐらせるといったものに限られている。利潤にたいする戦後の攻撃は、誰の目にも明らかなように、ほとんどすべてそれが経済の不安定を増長したという点に向けられていた。高利潤は好景気の特徴であり、それは抑制しなければ破綻を引き起こすことになると広く主張された。そしてこれもまたケインズが打ち出した見解だったのである。

ケインズの提案から生じた意見の分裂を過大視すべきではない。彼は二者択一を迫るような人物ではなく、むしろ反対に、相対立する利害をできるかぎり調整することにより進歩を求める、イギリスとアメリカの妥協を重視する伝統にしっかりと立脚していた。しかしまた彼の方式が、それが受け入れられた速度と相まって、自ら不安の種をまくことになったことも容易に理解できる。

これまで、さまざまな考え方のアメリカ人がそれぞれ、経済について抱いている危惧の念の原因について十分に述べてきた。そこで次にこれらの概念の中身について検討すべきであろう。

（1）*Fortune*, February 1947, p.34. ほかはいずれとも意見を述べていなかった。

（2）John Maynard Keynes, *The General Theory of Employment, Interest and Money* (New York: Harcourt, Brace and Co., 1936). この著書に盛り込まれている政策活動のための勧告の多くは、ケインズにより以前すでに出されていた。しかしながらケインズの政策案が一般的に受け入れられるには、その根底に横たわる理論の十分な発展を待たなければならなかった。

（3）R. F. Harrod, *The Life of John Maynard Keynes* (New York: Harcourt, Brace and Co., 1951), p.462.

（4）この点、もう少し技術的な説明が必要であろう。賃金の切下げには二種類ありうる。一つは、これまで失業していた労働者が賃金の要求を切り下げて職を手に入れようとする場合である。この場合、すでに職についている人びとの賃金は影響を受けない。このことはもとより労働市場が完全でないことを前提としているが、しかしこの仮定にたつかぎり、こうした最低賃金の引下げが雇用の増加に及ぼす効果は明白である。この場合、経済的には一般的な賃金の引下げに伴うような一般的な支出の減少は起こらない。雇用主にとり、新たに低賃金の労働者を雇い入れることは価値のあることであり、彼らの所得は生産の増加分を購入する資力となるのである。これと非常によく似たことが大恐慌期の農業労働市場に起こったが、それは恐慌期にこの部門で引き続き完全雇用が存在していたことの説明になろう。もしも限界労働者の賃金引下げが賃金全体の引下げを引き起こすと仮定するなら、その雇用効果はより波及的である。しかしながら、もしも競争モデルのすべての仮定が厳密に機能するとしたら、その結果はかなり確かなものとなる。価格は速やかに生産費の低下に調整されるであろうが、所得の流れのすべてが賃金の引下げにより影響を受けるわけではない。幾分資本が労働によって代替されるだろうし、利子率は下がり、貯蓄は減少するだろう。全般的な効果としては、以前より幾分少ない所得で、（単位当り）より多くの労働によって生産された財貨がいっそう多く購入されるといった点があげられる。そしてこれは雇用増大の効果をもたらすことになろう。

（5）Harrod, *op. cit.*, p.453.

（6）こうして一九二九年と一九三二年のあいだに、アメリカにおける年間投資額（粗民間国内投資の総額）は一五八億ドルから九億ドルへと激減した。しかしながら（法人ではなく）個人の貯蓄も三七億ドルから一四億ドルへと減少した。（*The Economic Report of the President*, Council of Economic Advisers, January 1950 より推計。）

（7）厳密に言うと、これはケインズが行った議論ではない。実際にケインズは、いかなる構造の競争も彼の議論の目的にいちばん役に立つと想定する傾向があった。

（8）A. C. Pigou, *Keynes' General Theory: A Retrospect* (London: Macmillan Co., 1950).

（9）この測定法のアメリカにおける主要な発明者はペンシルヴァニア大学のサイモン・クズネッツ教授だが、ケインズは事実上クズネッツの壮大な統計的計量の基礎をなす理論を提供したのである。

（10）もっとぎこちない、だが正確な言い方をすれば、貯蓄努力の過剰と投資意欲の過少ということになる。総生産における変化は、これらの努力と意欲をくじくことにより、ケインズの定義による貯蓄と投資とを常に同等に保つのである。

# 第七章　技術開発の経済学

## 1

アメリカの経済にかんする定評のある見解は、明らかに一連のきわめて陰鬱な結論の方向に向っている。これらの見解は、この国の経済が最大限の効率性を発揮しておらず、人びとが最も必要としている財貨を最低の費用で生産している者に最大の報酬をもたらしているのでもないことを示唆している。最大の報酬は隠れた独占体とか、最も巧妙な広告業者やセールスマンの手に渡るがままになっている。一般に受け入れられている見解はまた権力にかんする不快な問題をさらけ出す。他人の富や生活に影響を及ぼす決定を下しうる絶対的な権限が、民間企業の首脳部や、労働組合の指導者の手に握られているのである。経済が信頼できるように営まれていると推測すべき理由などまったくない。一九三〇年代の恐慌は、まだ生ま生ましく記録にとどめられており、深刻な景気後退が再発する可能性があることを示唆している。一般に受け入れられた考え方では、不況も、あるいはそれと対照的なインフレーションも、好況と同じように常態とみなされている。事実、ケインズの理論体系は、そうした経済的困難の可能性を肯定するが、それと同時に救済策を提示している。だがそれは経済にたい

する政府のある程度の介入を要求するものであり、保守的な人びとの多くは、控えめに言っても、それを嫌悪しているのである。

だがアメリカ人の大部分ならびに真実に根ざした情報を得ている外国人の大部分は、疑いもなく第二次世界大戦後のアメリカ経済の成果をかなりの成功と考えている。アメリカ経済は原理の点では、誰をも満足させなかったが、実際面では大部分の人びとを満足させた。社会的非効率、不合理な権力、干渉的な政府、不況、これらすべてが深い関心事だった。しかしリベラル派も保守派も、富裕な者はもとより極貧者を除くすべての人びとも、経済の実際のなりゆきを耐えられないものとは考えなかった。

今日では、悲観主義は楽観主義よりもはるかに敬意を表されている。平和、繁栄、そして少年犯罪の減少を予想する人は、注意心が散漫で愚鈍な人といわれ、——おそらく株式市場の暴落を除き——困難を予想する人はニュース解説者とか『タイム』誌の編集者とか、連邦議会の議員になるのを保証する洞察力の持主とみなされる。こうした暗い見通しを好むアメリカ国民の風潮に反するという危険を承知のうえで、第二次世界大戦後の平和の時期がなぜそれなりに満足できるものであったのかを検討することは、今なお価値があろう。おそらく、この分析から、どのようにしたらアメリカ経済を将来もまた満足のいくものにすることができるか知ることができるであろう。本章ならびに以下の数章において、社会的非効率、私的権力、政府の介入、失業の存在にもかかわらず、現在われわれが破滅しないですんでいるのはどういう状況によるのか検討することにする。

## 2

この時期がともかく満足できる第一の理由は、アメリカ経済における効率性が偽装された形で存在している点である。競争モデルの先入観念に染まった者には、この偽装はほぼ完璧である。典型的なアメリカの産業、つまり一握りの巨大企業により支配されている産業を動かしている誘因は、実際には最低の価格で最大の生産を行う方向に機能しているのではない。個々の企業の市場支配力は、若干の重要な制約を受けるが——これについてはのちに検討する——、いかなる時であれ、理想的な水準よりも高い価格が得られるように行使され、その結果、生産は少なめに抑えられる。消費財産業部門では、疑いもなく、大きなエネルギーが種々の形の販売努力に注入されるが、それは消費者大衆に恩恵をもたらしているわけではなく、また彼らの要求に応えるものでもない。

しかしながら、こうした非効率的行為の多くには、その埋め合わせとなるものがある。それは技術革新である。しかも、これまでわれわれの苦しみゆえにわれわれを愛し給うた恵み深き神は、少数の大企業が支配する現代の産業を技術革新を誘発するのにまさに恰好なものにしている。大企業は技術開発のために必要な資力を十分に備えている。またその機構は技術開発に取り組み、それを実用に供させる強力な誘因を提供している。[1] それとは対照的に、競争モデルの競争は、技術開発をほとんど完全に排除してしまっているのである。

技術的変化は隣人との競争に勝つために知恵をはたらかせることを強いられた小生産者の比類のな

い発明の才の賜物であるという作り話ほど愉快なものはない。残念ながら、それは作り話にほかならない。技術開発はすでに長いこと科学者と技術者の領分となっている。安価で単純な発明は、大ざっぱな言い方をすれば、もうほとんど出つくしてしまっている。現在の開発は単に複雑で費用がかかるだけでなく、かりに個々には失敗も成功もあったとしても、全体としては利益となるような規模で行われなければならない。企画全体を通して採算がとれなければならないとしたら、それをやりとげる資力のある者はごく少数に限られてくる。一八世紀末から一九世紀にかけてはそうではなかった。この時期は、科学・技術を工業や農業に適用しはじめた段階にあたり、ハーグリーヴスとかフランクリンといった有能な人びとが比較的簡単なもので発明の才を発揮する余地が十分にあった。競争モデルの競争はそうした発明の才を鼓舞し、その成果を確実に普及させた。他の場合と同様に、競争モデルはそれが考察の対象としている産業社会にたいし大きな妥当性を有していた。競争モデルの作成者は難解な理論家でも間抜けでもなかった。だが彼らが考察した社会そのものが変化してしまったのである。

技術開発には多額の費用がいるので、それはかなりの規模で手がけられる資力をもった企業しか実行できないということになる。そのうえ、もしも企業が市場をかなりまで支配しているのでない場合には、技術開発のために巨額の資金を投ずる誘因はあまり存在しないであろう。しかも実際問題として——秘密の保持や特許権の保護により発明者にかなりの優位が確保される場合でも——、模倣することができない発明といったものはほとんどない。したがって、競争モデルの競争者は自分の発明が速やかに模倣され、模造されることを覚悟しなければならない。それが新しい製品であろうと、従来

どおりの製品の生産費を引き下げる新しい生産方法であろうと、技術面の変化は生産者が市場のごく小さい部分しか占めていない場合には、全体に広まっていく。模倣者は開発の費用を負担せぬままに発明者と同様に利益を得ることができる。しかもやがて物価は自動的に調整され、発明者の利点はすっかり消滅してしまう。こうして発明者は、その模倣者と同等の立場に引き戻されてしまう。その結果、純然たる競争的市場においては、いかなる技術をも迅速に普及させる――これはこうした市場の長所なのだが――メカニズムそのものが、技術開発そのものの誘因を排除してしまうのである。これでは、特許権の保護が効果的に行われたごく稀な場合を除き、発明者は発明当初の時点で一時的に報酬を得られるにすぎない。開発の費用がかなり高額に達する場合、発明者にたいする報酬がその費用を償うのに十分なほど大きいと考えるべき理由はない。それどころか反対に、開発の費用が増加するにつれて――時とともに発明は一段と複雑なものになる傾向を示しているが、それに伴い開発の費用も増加せざるをえない――、そうした費用を取り戻せる可能性は減少していく。技術改良に必要とされる科学・技術の水準が高ければ高いほど、競争モデルにうまく適合した産業はそれだけ改良に乗り出しにくいということになるである。

比較的少数の大企業が支配している産業部門においては、価格競争を排除する慣行も技術開発を抑制したりはしない。技術開発は依然として市場での競争の重要な武器の一つである。その場合の典型的な企業は大企業である。大企業は資金を現代の技術開発に必要な規模で調達することができる。実際にそれらの資力の一部は市場支配力の所産――独占利潤――である。そして模倣されることが考えられ、覚悟しなければならないが、価格競争を制限する慣行のために、新製品あるいは生産費を引き

下げる新製法のいずれによるのであれ、その報酬は少なくとも一定期間、競争者だけでなく発明者自身の手にまちがいなく確保される。しかも市場支配力が存在するため、この有利な期間の長さをある程度制御することができるのである。

こうして少数の大企業が支配する現代の産業部門においては、規模と市場支配力に伴う報酬とが結びついて、研究調査ならびに技術開発に必要な資金が確実に利用できる。企業が価格にたいし若干の影響力を行使する力を有している場合、開発の結果生じた利益が、開発用支出の埋め合わせがすむ前に（開発の費用をまったく負担していない）模倣者により消費者大衆の手に渡ってしまうのを、確実に防ぐことができる。このようにして市場支配力は技術開発を促す誘因を保護するのである。

以上のことから言えることは、もしも産業が技術開発を推進しようとするならば、若干の独占的要素が必要だということである。これは一見したところ、一般に受け入れられている考え方とは驚くべきほどに食い違っている。経済学者はこれまで長いあいだ、単一企業によるある産業部門の独占は生産のみならず技術の進歩をも抑えつけてしまうとの信念に基づいて、そうした独占体による産業の支配を攻撃してきた。したがって、独占体は技術の改良に資金を投入するどころか、工場や機械にたいする現行の投資を保護するために特許権を抑制するかもしれないとさえ考えられていたのである。

独占体の行動様式にかんするこうした見解は、全面的にまちがっているわけではないかもしれない。もっとも、シュンペーターが論じているように、それは常に代替物が潜在的に存在したり、ほかのところで技術改良が進行している社会では、あまり当てはまらぬことかもしれない。[2] 誤った認識は、ある産業の生産全体を支配している単一企業の独占体の行動様式として考えられることを一般化して、

少数の企業がその産業部門の生産を牛耳っているような独占的支配力の場合にも当てはめたことから生じている。単一企業による支配の場合、独占の結果、経済の停滞が起こりそうに思われるというので、少数の企業による支配の場合もまちがいなく同様だろうと考えられているのである。こうした一般化は、適切などころか、むしろほとんど完全にまちがっているようにみえる。

もちろん、幾分例外の余地は残されているにちがいない。価格競争を禁ずる慣行が、少数の企業から成り立つ産業の場合、技術改良の抑制にまで及ぶことは考えられないことではない。そして周知の特許権の抑圧の場合のように、こうしたことは疑いもなく起きているのである。しかし技術改良を禁ずる慣行を維持するには、きわめて広範にわたる共謀が必要である。技術革新には非常に多くの種類の事柄が関連してくる。したがってどの種類の事柄を禁じ、どの種類の事柄を許可するかといったことについて、同意が得られなければならない。こうした同意は、価格競争の禁止の場合のように、暗黙の了解ですますことはできない。それには正式の交渉が行われなければならず、それは法的に危険なだけでなく、困難でもある。寡占は技術進歩を保証するというのは言い過ぎになるだろうが、企業の数が少数の場合には、技術開発が競争手段の一つであることはほぼ確かである。広告や販売技術と同様に――そしてこの点で特異な価格競争とは違って――、技術開発は、いかなる企業であれ、少数の強力な競争者にたいし、相互に傷つけ合うことなく自分の立場を改善することができる安全な手段なのである。

そのうえ、進歩を非常に重視する社会では、技術の発達は実業界の威信の重要な源泉となっている。アメリカの企業は、進歩的でないという評判にはとても耐えることができない。もしも研究所がなけ

れば、それを設立しようと考えるにちがいない。研究についてまったく言及していない企業の年間報告など考えられない。こうした環境の下では、技術改良を制度的に抑制することはきわめて困難なのである。

このように、理論上であれ、実際問題としてであれ、寡占が技術革新を推進する傾向を強く有していることには疑問の余地がない。寡占の市場構造はこのように技術革新に有利にできているが、競争モデルの競争に目を向けると、そうした状況がほとんど見出しえないこともほぼまちがいない。

## 3

これらの仮定は、経験により容易に証明することができる。アメリカの農民は競争モデルの競争者に最も類似した立場に立っているが、自分自身ではほとんど研究を行っていない。このことをわが国の歴史の初期の段階で認めたのはまさに天才的な洞察力であり、その結果この分野の技術開発はほとんど完全に社会化されてきた。われわれは今では、そうした農業部門の技術開発が州立農業試験所や合衆国農務省によって行われるのを当然のことと考えている。政府が支持する研究活動は農民向けの製品を考案したり販売する企業の研究・開発活動によって補われているが、そうした政府の活動がなかったならば、農業部門における技術開発は少しも行われなかっただろうし、進歩もあまりみられなかっただろう。この農業に関係を有する企業は寡占的性格が一般的である。個々の農民は飼料として代替可能な蛋白質製造用の動物性蛋白質を開発するために化学者の一団を雇うことなどできない。あ

まりに多くの農民が開発の費用を負担することなしに速やかに技術改良の成果を活用することができるので、いかなる農民も自分で開発を試みても全然得るところがないであろう。

競争モデルとの類似性が顕著な他の産業もまた、ほとんど例外なしに、研究と技術開発が皆無に近いことがはっきり認められる。一握りの大会社を除く瀝青炭産業、少数の大工場群を除く綿織物産業、衣料産業、製材産業、製靴産業などは、研究活動がほとんど行われていない。これらはいずれも技術面で進取的な産業とは考えられていない。これらはすべて（そこに含まれる少数の大企業を別にして）競争モデルの諸条件にだいたい適合している。またこれらはアメリカの経済学者が以前心に描いていた理想型に合致している。これらの産業ではいかなる企業も（ここでも少数の特別な場合を例外として）価格にたいして大きな影響力をもっておらず、各企業は自分ではいかんともしようがない環境によって経営の最大限の効率化を追求することを余儀なくされている。そしてこれらの産業の大部分においては、新たに事業を始めることも中止することもまったく自由であり、またこれらの産業では、広範囲にわたる広告や販売活動を通して競争に従事している企業はほとんどない。だが、それらをアメリカの産業発展の成果の見本として選ぶ者はほとんどいないであろう。そうした見本は、ごく稀な例外を除き、一握りの大企業により支配されている産業なのである。アメリカの生産方法やその驚異的な成果を研究するためにアメリカにやって来た外国の訪問者が見学するのは、独占を調査している司法省の検察官が訪れるのと同じ企業なのである。

技術改良による生産費の低下とそれに伴う効率の向上は、市場支配力の行使の結果こうむる犠牲よ

りもはるかに大きいものとなりうる。こうして市場支配力を保持するにあたり理想的な状態と比べると効率は幾分損なわれるが、それはまちがいなく技術開発による大きな利益によって相殺されるだけでなく、それ以上の報酬が確保される。経済学者は新しい市場理論に促されて市場支配力による損失の面に関心を集中し、相殺される面を看過してきた。それはちょうど蒸気機関の非効率性――特にそれが理想的な性能を発揮して動いているのではない点――に心を奪われて、その所有者がすでにガス・タービンを設計しつつあることを見落としてしまっているようなものである。

## 4

石油産業と瀝青炭産業とを比較するのは、ここで強調していることを説明するうえで役に立つ。石油産業が寡占産業であることには疑問の余地がない。いかなる地域の市場であれ、少数の大企業とその周辺を取り巻く独立業者が存在するのが特色となっている。長年にわたり、この産業は反トラスト法に違反しているとの理由で繰り返し攻撃されてきた。価格がいっそう激しい競争にさらされた場合より高い水準に保たれているといった疑いが晴れたことはほとんどなく、一般に利潤は他に抜きん出て素晴らしい。だが石油産業よりも、合同炭鉱労働組合の安定化活動を除けば、まさに競争モデルの競争に近い状態にある瀝青炭産業のほうを高く買いたいと思うような者は一人もいないであろう。

石油産業は明らかに進取的である。おそらくこの産業のある会社のきわめて魅力的なパンフレットが自認しているように進取的である。石油の試掘、新製品の開発、石油ならびにその製品双方の新し

い輸送の工夫などにおける企業の努力の結果、ガソリンや燃料油の消費者は、石炭の消費者よりもはるかに恵まれている。激烈な競争が展開されている石炭産業から競争が行われているかどうかも疑わしい石油産業へと消費者が絶えず移っているのは、この点を強く裏付けている。

もしも石油の探査やその利用に寄与したのと同じ技術面の才能が過去五〇年間の石炭産業において発揮されていたなら、石炭産業は今日の状態とは非常に異なったものとなっていたことであろう。すでに新しい採掘技術が長い年月をかけて開発されていてもよかったはずなのだ。もしもそうであったら、採掘にたずさわる人びとは「最も恵まれた条件の下でさえ危険かつきわめて非効率的であり、……不快で、退屈で、不健康きわまりない職業」[3]である炭坑内の作業でモグラのように働く必要がなくなっていたことと思われる。石炭の生産技術を向上させようとする現在の努力がその産業全体の協力を必要とし、石炭の液化という意義深い活動が政府の支援の下に進められていることは、競争が技術開発面に有する制約を立証している点で重要である。言い換えれば、個々の競争単位につきまとう制約を特別な方策を用いて打破しなければならなかったのである。わが国の経験豊かな研究・調査担当の行政官の一人は、石炭産業について、「六〇〇〇もの小企業を有する石炭産業は、現代の産業の研究・開発計画を推進するうえで特に困難な型となっている」[4]と述べている。

## 5

このようにアメリカ経済では、いかなる時点においても、可能なかぎり低い価格で最大限の生産を

行わせるような誘因がはたらいてはいないが、このことは一見したところそうみえるほどに悲劇的状況なのではない。アメリカの産業における市場の集中は統計によって確認され、競争モデルの立場から非難されているが、それはより綿密に考察すると、技術改良にとって好都合なことがわかる。競争モデルにおける均衡のとれた理想的な価格と生産を手に入れようとすれば、われわれはほぼまちがいなく技術改良を断念しなければならないだろう。そのほうが生活はもっと簡素になるかもしれない。しかしいわゆる進歩というものは、われわれすべてが縛りつけられている車輪なのである。

だがこれらのことは、実業家にとって、見かけほど気楽なことではない。実業家は今なお、大きすぎるとか、幾分独占的であるといった非難にたいし、古典的な意味で真に競争的な立場にたっているのだと答えて、自分を弁護しなければならない。ある指導的な石油会社の幹部の言葉を借りると、最近メキシコ湾岸地方の精油市場に言及して、彼は、この産業部門には「最も真実で、立派な形態の競争的価格決定が存在している」[5]と断言しなければならなかった。というのは、競争はわれわれにとり技術的概念以上のものである。それは善なるすべてのものの象徴なのである。われわれは古典的な純然たる競争制度の下では存続することができないだろう。——われわれの経済が厳密にそうした性格のものだったとしたら、われわれはヒトラーにではなく、ヴィルヘルム二世に屈服してしまっていたことだろう。——しかしわれわれは今なおその王座をあがめなければならないのである。

(1) この点は経済学者により大体において看過されている。一つの重要な例外は故ジョセフ・A・シュンペーター教授で、彼の理論体系では大企業の新機軸を導入する役割が強調されている。彼の著書 *Capitalism, Socialism and*

*Democracy* (New York:Harper & Bros., 2nd ed., 1943), pp.79ff. を見よ。私の分析はシュンペーター教授とは異なる経済理論の伝統に立ち、彼はしばしばこの立場に批判的なのだが、この点についての結論は彼も私も同様である。

（2） *Ibid*., pp. 101-102.

（3） "Coal I: The Industrial Darkness," *Fortune*, March 1947. *Industry Engineering and Chemistry*, August 1946 より引用。

（4） Frank A. Howard, *ibid*., 87. 無煙炭産業は、所有が瀝青炭産業よりかなり集中しているが、少なくとも最近にいたるまで、進取的な傾向がみられたとはいえない。しかしながらこれには一般に所有の性格と関連した特別な理由があったと思われる。

（5） *Competition Makes Gasoline Prices* (Philadelphia: Sun Oil Company, n.d.).

# 第八章　不体裁な富裕の経済学

## 1

清教徒のあいだに生まれた信仰であることは明らかだが、もしも富者が向う見ずにもいくらでも金を使うことができるなどと心の中で考えたりしたら、神は怒ってその人を死にいたらしめるであろう――そうでなくともまちがいなくその人の金をすっかり取り上げてしまうであろう――という侵しがたい信仰が存在する。この信仰はまた国家についても当てはめられる。アメリカの豊かさについて語る場合にはきわめて控えめでなければならない。だがアメリカが豊かな国であることをある程度の誇りをもって認めることは許されよう。しかし平和時にはこうした富裕さのゆえにある程度の社会的浪費が許されるだろうなどと結論したら、ソドムとゴモラを滅ぼしたような神の怒りを招くことになろう。だがアメリカについてはただその富によってしか説明できないことが非常に多い。経済学者は長いあいだ、それから結論を引き出すことをタブーとして敬遠してきたが、今や科学のためにある程度のリスクは冒さなければならない。

いかに天才的な広告業者といえども、たとえば、紙巻タバコの広告に使用された紙、エーテルある

いは技術が、国民の緊急の必要と関連があると証明することなどとうていできはしない。紙巻タバコと同様のことが、おそらく高速道路の広告板、多すぎる給油所、体裁のよい包装、精製したうえビタミンを加えて栄養価を高めたパン、強引な外交販売技術、広告放送、広告のとりことなった聴衆といった概念などについてもいえる。これらは明らかに何らかの形で人びとのエネルギーを最大限に社会的効率をあげるという方向に導くのではなく、逆にそれから引き離させている誘因の結果なのである。これらの活動がアメリカ国民のきわめて差し迫った願望に応えるものだと主張する者はほとんどいないだろう。これが競争モデルの効率にかんする標準的な考え方である。そしてこの標準に従うと、アメリカ経済は疑いもなく浪費的なものなのである。

しかしながら、アメリカ経済における販売や広告の広範な活動にたいする批判の多くは、――趣味とか広告板による田園風景の破壊といったことよりむしろ経済にかんするものであるが――的を外れている。経済学者や他の多くの人びとは、そこに注がれているエネルギーに衝撃を受け、それを警告しながら指摘している。一方それによって生計をたてている人びとは、怒りと遺憾の両方の気持を抱いて、それは全然浪費などではないのだと答えてきた。大胆な人びとは、例のすべてを一般化するやり方で、販売用の支出を批判する者はみな破壊的分子であるなどと語った。だが真理はこれらのいずれかのあいだにではなく、どこかまったく別のところにある。われわれの販売活動の激増は、比較的富裕であることの反映なのである。その多くは、高水準の豊かさに必然的に伴うものである。それは浪費かもしれないが、社会が豊かなので気にかける必要がないために存在している浪費なのである。

2

すべての人びとが、最大限の努力をしているにもかかわらず、最低限の食料、衣服、燃料、住居しか供給できない国では、何らかの企業や産業が秘かに生産を制限したり、価格をつり上げたりすることは、実に我慢できないことだろう。たとえば、石炭産業においてそうした独占体の価格が存在していたら、消費者が切実なまでに必要としているにもかかわらず、石炭の供給は不十分になるだろう。これはある程度は食料供給の多少の増加により相殺されるかもしれない。つまり比較的理想的な状況の下では、鉱山で雇用されている人や資源は、そこでの生産制限の結果、農業部門で活用されることになるだろう。しかし燃料の供給が不十分な結果、国民が理想とはほど遠い状態に置かれるのはいうまでもない。

同様にこのような社会では、供給量が十分でないパンの販売促進に宣伝文句を作りあげたり、在庫の乏しい衣料のために広告文を書いたり、量が少ない野菜をセロファンで包装したり、その他、貧困に苦しんでいる消費者の心をとらえられるような外交販売技術を開発したりすることのために、労働力のかなりの部分をさいたりするゆとりなどはとうていない。そうした国では、J・ウォルター・トンプソン社、デュポン・セロファン社、そしてエルモ・ローパー氏の市場調査会社で働いている人といえども、男女を問わず誰もが、人びとの飢えや寒さを少しでもやわらげられるように、ジャガイモや、豆や、石炭の生産に従事させられることにはまちがいない。

実際に、このような社会では、労働力を有する者は（おそらく手仕事の雇用が十分に満たされた後は）

これらの実利的な仕事を求める以外に選択の余地はないであろう。飢えた人びと、寒さに震えている人びと、あるいは住居のない人びとに、食料や燃料や住居の広告をすることは不要である。誰も広告業に従事して生計をたてることなどできない。広告で人びとの心をとらえる必要とか機会がでてくるのは、ただ人びとがその切実さを意識しないようなあまり重要でない欲求を満たせる所得がある場合に限られている。言い換えれば、富裕な社会の社会的無駄は、そうした無駄をとるに足らないものとするほどに豊かさが増すにつれて増大するのである。

こうして、一九四九年に紙巻タバコの広告のために費やされた四二〇〇万ドル相当の技術や技能や紙、あるいはアルコール飲料の広告に費やされた二九〇〇万ドルは、まさにタバコや酒が社会的な目的に役立つのではないのと同様に、社会の緊急の必要に応えたものではない。現在、タバコや酒の販売に従事している人びとがいっそう安価な紙巻タバコやウイスキーの生産増加のために雇用されたら、社会はそれだけ豊かになるかというと、それは明らかではない。（現在では酒類も紙巻タバコも過剰状態が慢性化しているようにみえる。）平和が続くと仮定して、バントン&ダスコム商会のジェームズ・H・ブランディングズ氏[1]その他の従業員が何か他の職場で仕事を見つけることができるかどうか疑わしい。——最近の歴史が示しているように、彼らは小麦の生産では必要とされてはいない。富裕な社会が軽薄に浪費しているようにみえる資源を他に転用しようとしても、結局他の同じように建設的でない用途以外にはないだろう。それはどうみても社会にとって不可欠といえないものの生産にしか使いようがないのである。

3

広告や販売用支出と比較的高度の富裕さとの関係は、もう少し綿密に検討する価値があろう。これらの支出は種々の目的のために行われている。百貨店の場合は、消費者にどんな商品があり、特に今どんな商品をいくらで売りたいかと知らせること以上に複雑な目的で広告を出しているのではない。このような動機は相当な量の消費財の販売活動一般の背後に存在している。これまでも売り手は常に、あれこれの方法を使って商品を声高に知らせなければならなかった。こうした広告という特殊な目的のために考案された現代の技術は、これまで長いあいだ用いられてきた手段と比べ、高価でも耳ざわりでもないかもしれない。

この種の販売技術は、社会的効率という立場からの論評を受けつけない。実際に、もしもニューヨークの家庭の主婦にメーシー百貨店の広告なしですますように強制したら、彼女たちは、ほとんどメーシー百貨店そのものを奪われたのと同じような喪失感を抱くことだろう。しかしながら現代の経済学によると、比較的少数の企業が支配している消費財産業――現代のアメリカ経済の典型的な産業ということになるが――では、広告と販売活動は上記以外のさらに一つないし二つの目的のために機能していると考えられている。簡単にいうと、それは営業面での競争手段ということになろう。価格競争は自滅的であることがはっきりしているので、企業は新しい顧客を見出し、あるいは競争者から顧客を奪い取るために、セールスマンや広告業者に目を向ける。経済学者の用語を使うと、企業は需要曲線を右に移動させようとしているのである。販売量を増大させようとする努力は、他の企業が同

様のことをしている世界では、単に従来の自分の領分を保持しようとするだけのためにも必要である。この種の販売努力はただ顧客にどんな商品があるか知らせるだけであるなどと想像したり、主張したりするのは、きわめてひねくれた人だけである。実際にもしも今なおアメリカン煙草会社はラッキー・ストライクを売っておりますと通告しなければならないとしたら、アメリカ人はよほど愚鈍ということになるだろう。

また企業は他の企業が価格競争を禁じた慣行をきちんと守らない場合に、自社の製品をある程度保護できるように、しばしばそれとなく、広告や販売活動を通して独自の個性を確立しようとしていることも、一般に認められている。もしも企業が消費者大衆にたいし、自社の銘柄の練り歯磨き、パン粉、かみそりの刃、アスピリンは、独特の品質を有していると説得することができたら、あるいは買物客が店に行った際に無意識のうちに自社の銘柄を口にさせることができたら、他の企業が同じ製品をもっと安価で売るようなことがあっても、その競争から自社の製品を幾分なりとも保護することができる。このように自社の銘柄の市場支配力を増大させることにより、企業は顧客を減少させることなく自社製品の価格をある程度変動させられる自由を手にする。したがって、他社の価格引下げに直面しても、かなり冷静に対処することができる。経済理論は近年、こうした「製品の選別」の過程を重視してきている。だがどれほど明瞭であるか否かは別として、広告や他の販売用支出の動機としてのその重要性はかなり誇張されている。企業間の単なる競争のほうがはるかに重要であるのはほぼ確かである。それでもなおこれは目につく現象であり、特定の商標の下に独占を図ろうとする活動に伴う浪費は嘆かわしいこととされてきた。

富裕な社会の場合を除けば、この種の販売用支出に多額の経費を投ずることはありえなかった。富裕な社会では、いかなる購買に費やされる金も、それを支出する人びとにとり特に重要なのではない。経済学の用語を使うと、貨幣の限界効用が低いのである。そのような社会ではまた、各個人によってきわめて多様な購買が行われる。その結果、個々の購買はいちいち熟慮する価値がないということになる。買物があまりに多いので、一つ一つを詳細に検討したりしないのである。したがって買い手は、広告業者やセールスマンの勧誘を受けやすい状態にある。彼らが示す商品の効能が、見せかけにすぎないかどうか知りたいという欲求を特に感じていないので、顧客のほうは、想像上のあるいはでっちあげの効能を信じて、彼らのなすがままになっている。買い手は自分の購買行為について熟慮する必要に迫られていないので、彼らの示唆の影響を受けやすくなっているのである。商店に入ると、買い手はいつもラジオやテレビジョンで何度も繰り返されている商標名を口にする。彼がそこで費やす金銭は、もっと良質で、もっと廉価な商品が他にあるかどうか確かめなければならないと思うほどに重要ではないのである。買い手はいつも犠牲にされていると思い込んでいる人びとは、何よりもまず、自分自身が比較的豊かであることの犠牲になっている点を理解する必要がある。

商品の選別の機会——それは独占の力を特定の売り手の商標や個性と結びつけるものだが——は、ほとんどもっぱら富裕さの所産である。飢えた人にたいし、やわらかく、薄切りにされ、包装され、栄養価を高められたパンのほうが、空腹を満たすもっと安くて大きなパンよりいっそう価値があるなどと説得することは決してできはしないだろう。南部の小作人は、広告を見たからといって、ある特定の商標の、調理され、香味の入ったハムの罐詰を選び、その銘柄だけを購入したりするようにはな

らないだろう。彼は相変わらずサイドミート〔豚のバラ肉の塩漬け〕を買い続けるであろう。またオートミールを買う資力しかないスコットランドの小作人に、ミルクとうまくあう朝食用の加工食品を広告しようとする者はいないだろう。このような社会では、普通のパン、サイドミート、オートミールの生産者のほうが、すべての点で商売上有利な立場に立っているのである。

貧しい社会では、広告や外交販売を通じて、価格競争とは何か別の形で競争が行われるといったことはないだろう。価格競争を禁ずる慣行も維持することができるかどうか疑問である。現在標準的な銘柄の紙巻タバコをあれこれ機械的に買っているニコチン中毒者は、必要に迫られれば、もっと安い商品の有望な市場となり、そうした安タバコを供給する企業は一挙に多数の顧客を獲得することになろう。これと非常に似たことが大恐慌勃発後まもない時期に起こった。この時、数百万人もの貧困に陥った喫煙家が、どっと一〇セント銘柄の紙巻タバコに転じたのだった。ともかく無頓着な顧客を有することは、――たとえ彼らが時折りそうではないと考えるにせよ――価格競争を禁ずる慣行を維持するうえで大変役に立つのである。

アメリカ人は外交販売の技術に特にすぐれた能力を有しているので、アメリカはセールスマンの国になっているのだという伝説があり、この説は単純な人びとに受けがよい。アメリカには世界のどの地域よりも多くのセールスマンがおり、また外交販売術もどこよりも発達している。だがその原因はアメリカ人の国民性ではなく、国民の富にあるのだ。後者はもとより売るべき商品がたくさんあることを意味している。だがそれ以上に、このことは物理的ではなく心理的な考慮が欲望を支配することを意味している。生物学上の最小限の必要は満たされている。その結果、応用心理学の現代の実践者

たるセールスマンが活躍すべき機会が開かれるのである。だが最も優秀なセールスマンといえども、インド人や中国人、さらにはフランスの農民相手に商売をやらされたら、惨憺たる失敗に終るであろう。

私の同僚の経済学者の多くは、私がここで販売経費やいわゆる分配面の浪費を考察した際に示した冷静さに同調しがたいであろう。経済学は人びとがまだ本当に貧しかった一八世紀から一九世紀にかけて興った。その偉大な先駆者のうちの二人、マルサスとリカードは、貧困にしいたげられるのが人間の運命であり、最低生活に必要なもの以上のいかなる余分の富も、富それ自体が生み出す人口の増加により速やかに呑み込まれてしまうだろうと考えていた。このような社会では、非効率はまさに罪悪であった。そこでは、飢えた者や寒さに震える者にパンや衣服を十分に与えることができず、かりにそれらが利用可能になったとしても、新しい人口増加の周期を引き起こし、一般的な貧困を再び確立するだけなのである。西欧の人びとは、意外かもしれぬが、子供をつくるよりはむしろ快適な生活のほうを好んだ結果、そして若干の費用のかからぬ生活用具の助けもあって、こうした貧困の周期から脱け出すことができた。アメリカでは近年、最低限の生存に必要な食料、衣服、さらには住居さえも、大部分の人びとにとり、供給可能なのが当然と考えられている。これと比較すると、それ以上の欲求はあまり重要でなくなる。それにもかかわらず、経済学者は今なお、社会にたいする財貨やサービスの追加供給を妨げるものは、それがどれほどとるに足らないものであっても、最大の罪悪であるという信念に強く固執している。彼らは一九世紀の貧困を問題にした精神状態で、二〇世紀の富裕な社会を分析しているのである。

その結果、経済学者は自分自身の力を無駄に浪費している。経済学者は財貨を財貨としてしか考えない先入観にとらわれすぎており、そうした財貨にかんする先入観のために、彼らは考察の対象となっている財貨が実際にはあまり重要ではないのだということを考えようとしない。経済学者は、すでにニコチン中毒やアルコール中毒に悩まされ、糖分過剰気味の人が多く、病院や墓地は高速道路で不具になったり死亡した人びとでいっぱいになっており、普通の体臭にも危険なほどに神経質になっている社会にあって、なおかつタバコ、酒類、チョコレート、自動車、石鹸などの、幾分独占的な価格とか、過度の広告や販売経費について、あまりに気をもみすぎているのである。

## 4

ここで一息ついて、正統的な学説にたいし若干の必要な提案を行うことにしよう。前章と本章の目的は、アメリカ経済が一見したところ非効率的であるにもかかわらず、どのようにしてわれわれは生き延びることができたのかを明確にすることにあった。われわれが生存できている理由は、一つには、われわれが十分に認識していなかったことだが、技術進歩の結果きわめて高度の効率化が実現し、かつそれを引き起こすのに非常に有利な経済機構が存在していることであり、いま一つは、社会的効率を強調する必要がなくなるほどに、経済が貧困状態から抜け出していることである。これは効率を完全に無視してもよいということを意味しているのではない。実際に、アメリカには今なお貧しい人びとがたくさんいる。独占体の支配力と高い流通経費による高価格をもはや苦にせずにすみ、物理的消

費から心理的消費に脱け出した結果、現実にそうした支出を促進している人びととともに、これらの貧しい人びともそうした高価格に耐えることを強いられているのである。さらに基本的な財貨がもっと豊富に、かつ安く生産されたら、今よりいっそう充実したよい生活を営める人びとがたくさんいる。住宅などは特にそうしたことがいえる。

そのうえ、独占体の支配力は、もしも私が次章で検討する力によって是正されないならば、産業間における労働力その他の資源の適切な配分を妨げ、個人所得の分配を不必要なまでに不均等にする側面を有している。

古典的な学説では、資源の活用面にかんし、独占体の支配力は、独占産業における雇用を過少にする結果を招来させると考えられていた。だがアメリカでは、実際問題として、その最も有害な効果は競争的産業における雇用を過大にする点にあることを示す証拠があげられている。経済の競争的部門は、職場を求めている人や自分で仕事を始めようとしている人に特別な機会を提供する。競争モデルでは、求職者は賃金要求を十分に引き下げれば必ず職を得ることができる。農業のように、今なお競争モデルに合致している経済部門では、個々の求職者にたいし、そうした貴重な機会が提供されている。特に経済が完全雇用に達していない場合は、これらの産業部門は大量の過剰労働者を引きつける可能性が強い。彼らは経済のこの部門に殺到して、すでにそこで働いている人びとの収入を不当なまでに引き下げてしまう。これまでのアメリカの農業の運命はこうしたものだったのであり、同様のことはおそらく繊維産業、衣服産業、縫製産業についてもいえるであろう。

農業部門では、この問題は、特に深刻である。すなわち、農村と都市間の就業率の比率をある一定

の水準に保とうとすれば、農村部は都市部よりも出生率が高いために都市部への着実な人口移動を必要とするからである。大恐慌期を通じて、農業労働人口は、都市部への人口移動が事実上とまり、逆に以前都市に移住していた人びとが戻ってきた結果、かなりの増加をみた。景気がいっそうよくなった時でさえ、農業部門の過剰雇用は、人口が稠密な農村地帯の教育、衛生、福祉を文化的水準に維持するうえで、重大な問題を引き起こしているのである。

アメリカの莫大な富はほとんどすべて、何らかの形で、現在あるいは過去の独占的な支配力の保有に基づいている。過去の資産や今日のいっそう豊かな不労所得は、その源をたどると、石油、鉄道、鉄鋼、銅、都市の不動産などに行き着く。農業、瀝青炭産業、繊維や衣服産業は、大資産家を少しも生み出してはいない。所得の不均等は、独占と同じように、資源の利用を歪める。それは資源を多くの人びとが必要としていることからそらせ、少数者のぜいたくな願望を満たすことに向けてしまう。たとえパンからケーキへといったほどではないにせよ、少なくともシヴォレーからキャデラックへといったふうにである。所得の不当な不均等——それは報酬が聡明さとか、勤勉さ、あるいは冒険心などの差異に応じて決まるのではないという意味で不当なのだが——はまた経済の安定を損なうこともありうる。少数の人の多額の所得から行われる貯蓄や消費支出は、賃金労働者や俸給生活者の所得による貯蓄や消費支出よりも、はるかに不安定な衝動によって左右されるのである。したがって、社会は非効率について引き続き懸念すべき理由が十分にある。それと同時に、われわれがなぜそうした非効率にもかかわらず生き延びていくことができるのかという点についても、問題点を見失ってはならない。

## 5

富裕という不体裁な問題から離れる前に、それが引き起こす結果についてもう一つ検討しておかなければならない。アメリカの経済の運営は最高の叡智と巧妙な手腕を要する仕事であるとの考え方が広く受け入れられている。これは敷衍すると、政府が行う決定には常に非常に大きな危険が含まれているということになる。よほど勇気のある人でも、減税した場合の結果、あるいは減税しない場合の結果について考えたら、身震いすることであろう。政府の負担の増加や、逆に政府が本来負うべき責任を回避した場合、また関税引下げに伴う危険や、そうしないことの危険、余剰農産物の貯蔵のための莫大な経費や、逆に農民を逆境から十分に保護しないことの危険、などについて考えてみても同様であろう。

アメリカ経済の力がそうした政府の決定の巧拙で左右されるような時が来るかもしれないが、それは戦時や戦争の脅威がある場合であろう。これまでのところ、アメリカ経済がそれほどに政府の決定に依存したことはなかった。政府の決定が一般的な経済的福利にたいしてもった効果は、大部分の場合、大したことはなかった。その第一の理由は、われわれが賛否の差のきわどい決定を重要な決定と混同する、広く認められる傾向である。一般に最もむずかしい決定だからといって、重要だとはかぎらない。決定がむずかしいのは、ほぼ同じくらい望ましい――あるいは時には、ほぼ同じくらい望ましくない――いくつかの行動方針のあいだでの選択の問題が含まれているからである。種々の行動方

針の結果についての評価は、それぞれ人によって異なり、その評価が非常に近い場合、それはそれで各人は自分の議論を一段と入念に組み立てていく。またわれわれは使いなれた誇張した論法をこうした議論に気軽に持ち込む。一方の進路は無限にすばらしく、他方はまったくの災厄であると論じるといった具合である。だが実際に、あまりにも善悪がはっきりしている事柄のうちどちらを選ぶかというのであれば、議論そのものが必要でなくなるのは明白であろう。

政府の決定がそれほど重要ではないもう一つの理由は、われわれが過ちを犯しても、富がそうした過ちの影響をやわらげる機能を果たすので、たとえ正しい進路よりむしろまちがった進路を選んでしまったとしても、大事にいたらずにすむからである。経済的豊かさの真の源泉——豊富な物的資源と国民の教育やエネルギー——は、いずれもこれまで政府の決定によって大きく損なわれたことはない。したがって、過去において政府のまずい決定により経済成長の速度が影響を受けたことがあったにしても、その影響を識別することができるのはごく稀でしかない。こうしたことは少なくとも暗黙のうちに認められている。経済問題にたいする政府の行動が確定していない場合、それについて懸念が表明され、ほとんど病的なまでに高まることもあるが、ひとたび政府が行動を起こすや、そうした懸念はほぼ決まって跡形もなく消え去ってしまうのである。

経済政策に注がれた知恵も一概に嘆かわしいものだったわけではなかった。だがアメリカの力の重要な源泉の一つは、過誤を犯しても、われわれの豊かさによりそれを補うゆとりがあった点である。イギリスでは、特に近年においては、過ちを犯している余裕は少しもない。したがって経済問題にたいする政府の処理の仕方は、われわれの場合よりもはるかに的確でなければならない。もしもイギリ

スの議会が通常のアメリカの連邦議会のようであったら、最近の多くの事件を通じて、かの大英帝国の残存部分もかなり急速に解体してしまっていたことだろう。

富裕であることは過失を補う以上のことをする。イギリスや他の西欧諸国では、社会改革――非特権的階級にたいする所得やサービスや生活保障を増大させる措置――は、特権的階級のかなり直接的な負担の下に行われている。持てる者と持たざる者とのあいだの利害の衝突は明白であり、避けることができない。ところがアメリカでは、奴隷の解放を唯一の例外として、いかなる集団の利益を増進する政策も、決して他の集団の収入を識別できるような形で減少させたりはしない。無償教育、社会保障、農民補助、その他の同様な福祉政策の経費も、一般的な所得の増加の装いの下に捻出されてきた。(現代においては、これらの支出はそれよりはるかに巨額な国防費や戦費と比べると少なくなっている。) もしもこれらの経費が、その財源を負担しながら恩恵を受けない人びとの停滞気味の所得と直接比較して吟味されたならば、それにかんする議論は実際にそうだったのよりはるかに激烈なものとなっていたことだろう。富は、特に増加しつつある富は、単に政策上の過誤による打撃を緩和するだけではない。それはまた、こうした富が存在しなかったなら生じたかもしれない深刻な社会的緊張を未然に防いでいるのである。

(1) 不運にもこれまでブランディングズ氏に会ったことのない人びとのために説明すると、彼はエリック・ホジンズの二つの気のきいたおもしろい小説に登場する信じられぬほどに複雑な個性の持主である広告業者なのである。

# 第九章　拮抗力の理論

## 1

一九〇七年一一月二日の夜、ウォール街が恐慌に襲われていた最中に、老モルガンは書斎でトランプの独り占いをしていた。やがて、他の銀行家が倒産しかけていたアメリカ信託銀行を救う費用の分担を取り決めた際、彼はその協定の締結を主宰し、市場に活気を与えるために、USスチール社にテネシー石炭・鉄鋼会社の購入を認め、ルーズヴェルト大統領からこれらの取引にかんする了解をとりつけた。そして、金融恐慌は過ぎ去ったのである。ここには、伝説が語り継がれるうちに尾鰭がついているのは疑いないにせよ、自尊心のある人を恐れさせる権力者の姿があった。

それからわずか二〇年後の一九二九年の大暴落の際には、ウォール街の銀行家連がすべての人びとと同様に無力であるのは明らかだった。市場の崩壊をくい止めようとした一九二九年秋の彼らの努力は、今ではおもしろい逸話として思い出される。ニューヨーク株式取引所とナショナル・シティ銀行の首脳部は法の網に引っかかり、前者は投獄され、偉大なるモルガンの息子はワシントンの議会の公聴会に呼び出されて名声を得たが、それは難局に直面して彼が示した強力な権限によってではなく、

まったくの当惑ぶりのためにほかならなかった。

経済的権力の象徴としての銀行家の影が薄れると、その地位は巨大な産業会社にとって代られた。そしてこの入れ替りは当然のようにみえた。権力を銀行家と結びつけるのは、常に「マネー・トラスト」にたいする幾分根拠薄弱な信念——企業の設立や拡張をめぐる融資の手段は少数の人間の手に集中しているという考え方——に依拠していた。こうした考え方の源は金融資本にかんするマルクスの教義にあるが、それは少なくともアメリカにおいては、統計的にもその他の経験に照らしても、立証しがたい。

それとは対照的に、生産全体の大きな部分が比較的少数の巨大企業の手に集中しているという事実は、容易に証明することができる。ある産業部門で、三ないし四の巨大企業が独占体の権力に似た支配力を行使し、独占体と同様の結果を生み出すかもしれないということは、古典派経済学の最も尊敬すべき先達たちも抱いていた考えであった。こうしてJ・P・モルガン商会が舞台を去り、それに代って二〇〇の巨大法人企業——力の点では巨大な悪魔ともいうべき会社——が登場した。これらには、経済理論において最も強大かつ保守的な伝統に立つとみなされる経済的支配力が備わっていた。それは市民が支払う価格や彼らが受け取る賃金を支配し、また抱負を有する新興企業にたいしては規模と経験という最も強力な障害物となって立ちふさがった。さらにもしもこれらの企業が政治を腐敗させたり世論を操作するためにその莫大な資力を活用したら、一体どのようなことになるだろうか。

だが一九二九年にそれまで全能と思われていた銀行家の無力さが劇的に示されたように、神話と現実とのあいだにはかなりの食い違いが存在する。アメリカ経済における少数の巨大法人企業の相対的

重要性は、統計的資料を無視したり、それをごまかす特異な能力をもった者でないかぎり、誰も否定することはできない。理論上、アメリカ人は生活も心も大企業に支配されているということになるが、実際問題として、彼らはそれほど完全に奴隷化されているようには見えない。ここでも危険は将来にあるのであり、現状はまだ耐えることができるようだ。だがまたここでも現在から学ぶべき教訓があり、それらを学びとることができれば、将来を救うことができるであろう。

## 2

社会的効率を考える際に技術面の著しい進歩を見落していたのと同様に、巨大法人企業が強大な支配力を有しながらそれを行使しないという矛盾した状況は、根底にある経済理論に重大な見落しがあることを物語っている。競争モデルでは——つまり多数の売り手がそれぞれ全体の市場のうちでごく小さな部分しか占めていない経済においては——経済的支配力の私的な行使は、市場の同じ側に立つ他の企業によって抑制される。買い手を搾取されることから救っているのは、買い手の不平ではなく、競争者たる売り手の販売意欲であった。一九世紀の繊維製造業者が自社の製品に不当に高い値段をつけたとしたら、まずまちがいなく、そうしない他の製造業者に速やかに市場を奪われたであろうと推測できる。すべての製造業者が強大な需要に直面し、したがって価格を引き上げられる立場にたっていると考えられるような場合には、やがて新たな競争者がその部門に流入し、その結果供給が増加して、価格と利潤は通常の状態に戻るであろう。

売り手が顧客にたいしてその経済力を発揮しようとしても失敗するように、買い手が自ら雇用する労働力や仕入先にたいして影響力を行使しようとしても失敗する。一般の賃金水準以下の賃金しか支払わぬ経営者は、企業の収益への貢献にたいして労働者に十分に（限界まで）報酬を支払う経営者に労働力を奪われることになる。あらゆる場合に、社会的に望ましい行動を引き起こす誘因は競争者によって提供される。経済学者が経済の自動調整装置を探し求めたのは、市場の同一の側――つまり売り手間相互ならびに買い手間相互の抑制、換言すれば競争――であった。

経済学者はこの点もっぱら競争を当てにするようになったし、公式の理論上は今もなおそうである。経済には別の調整装置があるかもしれないという考え方は、経済思想からほとんど完全に排除されてきた。こうして古典的な形態での競争が広範囲にわたって消滅し、それに代ってたとえ公然とではないにせよ、少なくとも一種の慣行や暗黙の了解の下に共謀した少数の企業の集団が登場すると、競争が消滅したのであるから、もはや企業の支配力にたいする効果的な抑制装置は全然存在しないと考えやすい。こうした結論は、他の抑制装置が求められないかぎりほとんど必然的であり、事実、競争にかんする先入観があまりに強固だったので、そうしたことはまったく行われなかったのである。

だが実際には、私的権力にたいする新しい抑制装置が競争にとって代り出現していた。それらは、競争を阻害し、破壊したのと同じ集中化の過程によって育まれた。だがそれらは市場の同じ側ではなく反対側に、競争者のあいだにではなく、顧客であれ仕入先であれ、まさに相手側に出現したのである。こうした競争とは対照的なものに何か名称をつけるのが便利であり、私はそれを拮抗力（countervailing power）と呼ぶことにしたい。(1)

この概念について、一般的、かつ幾分独断的すぎる説明から始めよう。まず私的な経済的支配力はそれに支配されている人びとの拮抗力により抑制されている。経済的支配力が拮抗力を生み出すのである。産業が比較的少数の企業の手に集中していく長期的な趨勢は、経済学者が想定したように強力な売り手を生み出しただけではなく、経済学者が認識できなかった点だが、強力な買い手をも生み出した。そして両者は、正確に歩調を合わせてではないが、相互に対応し合っていることに疑問の余地がない形で、いわば連れだって発展してきたのである。

売り手がある程度の独占的な力を手中に収め、その結果かなりの独占利潤の収穫を得ているという事実は、その取引相手の企業の側に、独占体による搾取から自分を守ることができるような力をつくり出そうとする誘因が存在することを意味する。それはまた、これらの企業がそうすることに成功すれば、相手の市場支配力の収益の分け前にあずかるという形で報酬を入手できることを意味している。このようにして、市場支配力の存在は、それを相殺する別の立場の力を組織化しようとする誘因を生み出すのである。

私がここで行っている主張は、きわめて重要なものである。それはこういうことである。少なくともアダム・スミスの時代以来、経済活動の自動調整装置として、特に国家を除く唯一の有効な調整装置として考えられてきた競争が、実際には今や別のものにとって代られているのである。たしかにまだ完全にではない。この点を、私ははっきりしておきたい。競争は今なおそれなりに役割を果たしている。たとえば、売り手としての企業の力がそれと同様ないし代替可能な商品やサービスを供給する企業により抑制されたり、制限されている重要な市場が今なお存在している。これは最も広い意味で

競争ということになる。こうした市場では、反対側に立つ買い手の役割は本質的に受身である。これはいちばん有利な取引を探し求め、それに飛びつくことにほかならない。強力な抑制力は、より有利な取引を提供したり、あるいは提供しそうな競争者によってもたらされる。しかしながらこれが経済的支配力の行使にたいする唯一の、あるいは典型的な抑制力なのではない。売り手が少数の典型的な現代の市場では、効果的な抑制力は競争者によってではなく、市場の反対側にたつ強力な買い手によってもたらされる。これらの市場では、価格競争を禁じた慣行があったとしても、それは競争者の受身の対応にすぎないのである。

競争が存在しない場合、市場支配力を行使すれば、そうした力の行使を排除するような競争者が出現するというのが、常に競争にかんする基本的な前提の一つであった。独占的地位に伴う利潤によって、競争者は奮起し、割り込もうとするというのである。換言すれば、競争は自然発生的な調整力とみなされていた。市場が少数の巨大な売り手によって先取され、新興企業の参加が困難となり、現存の企業が価格競争を禁ずる慣行に同意した後になってもなお、こうしたことが実際に起こるかどうかという疑問こそ、調整装置としての競争にたいする信頼感を崩壊させたものにほかならなかった。拮抗力もまた自然発生的な力であるが、このことはきわめて重要である。経済発展の過程で、強力な買い手が強力な売り手と肩を並べるようなことが頻繁に起こったりしたら、売り手の市場支配力との関連で強力な買い手の側にも、特別大きなものではないにせよ、ある程度調整的機能があるとみることができよう。しかしながら、ある力に対応して別の力を組織化するこうした傾向こそ、私がここで明確にしようとしている状態にとって決定的ともいうべき重要な特徴となっているのである。上述した

ように、市場の一方の側の力は、他方の側に、拮抗力を行使する必要ならびにそうすれば報酬を得られるという見通しを生み出す。[2] このことは、一般的法則として、拮抗力が経済的支配力にたいする抑制力として出現するものと当てにすることができることを意味している。だがそうした拮抗力が現われず、あるいは出現するのを効果的に妨げられている状況もあることを、付け加えるべきであろう。この問題はのちに検討することにしよう。どういうわけか、この理論の批判者は拮抗力が存在する現象そのものを否定するために、これらの例外的な状況をことさら熱心に探し、強調している。だが同様の論法を使えば、一つの独占体を見出すことにより、競争の存在を否定することができるのも明らかである。

少数者の市場、ないし寡占的な市場においては、企業の新規参加にたいする実際的な障害や価格競争を禁じた慣行などにより、競争が自然発生的に生じる力は除去されてきた。それとは対照的に、拮抗力が自然発生する傾向にあることは、常識をもって現実を見れば容易に理解できるし、われわれが拮抗力を探し求めることを学びさえすれば、その存在は、経験を積んだ観察眼を通して容易に認めることができる。

市場支配力は、強力な売り手により弱体な買い手にたいして行使されるだけでなく、強力な買い手により弱体な売り手にたいしても行使されうる。競争モデルでは、競争はこれら双方の力の行使にたいする抑制力として機能した。このことは拮抗力の場合も同様である。拮抗力が実際にどのように機能しているかを知るには、弱体な売り手が強力な買い手にたいしてそれを行使する場合から検討するのが便利であろう。

## 3

拮抗力の機能は、それが十二分に発達している労働市場において最もはっきりとみることができる。個々の労働者は比較的流動性に乏しいために、長いあいだ私的な経済的支配力にたいしてきわめて弱体であった。一九世紀から二〇世紀への変り目には、どの鉄鋼工場の顧客も、不当に高い価格をつけられていると感じればいつでも他の鉄鋼工場に切り替えることができた。あるいは彼は鉄鋼を全然買わないという最高の特権を行使することもできただろう。ところが労働者は賃金が不当に低いと感じた場合でも、これに匹敵するような自由がなかった。通常、労働者は職場を移ることができず、仕事を確保していなければならない。大会社の擡頭後のアメリカの労働市場ほど、一人の人間の力が他の人びとにたいして無情なまでに行使されたことはあまりない。一九二〇年代初めになってもまだ、鉄鋼産業では労働時間が一日一二時間、週当り七二時間であり、交替時間の変更の際には二週間ごとに一日二四時間労働というまさに信じがたい事態が存在していた。

現在ではこのような権力は行使されていないが、それは過去におけるそうした力の濫用によりそれを阻止する反作用が刺激されたからにほかならない。究極的な意味では、合同鉄鋼労働組合を生み出したのは、ジョン・L・ルイスやフィリップ・マレーの組織能力ではなく、鉄鋼産業そのものの力であった。労働者が労働市場で直面した経済的な力関係——少数の買い手と取引しようと多数の労働力の売り手が競争しあっている状況——により、労働者は自分自身を守るために自ら組織することが必

要とされたのである。そして労働者が拮抗力を形成することに成功した場合、彼らは鉄鋼会社の権力が生み出す利得の分け前にあずかることができたのである。

例外がないわけではないが、一般的に言って、アメリカでは強力な会社が支配している市場に最も強力な労働組合を見出すことができる。そして巨大な自動車、鉄鋼、電気、ゴム、農業機械、非鉄金属鉱業および精錬業がすべて、強力な労働組合と交渉しているのは偶然ではない。これらの産業部門の会社の力は、労働者が拮抗力による防護を強めるのを必要とさせただけでなく、労働組合にいっそう多くの成果を得させる機会を提供した。もしもうまくいけば、労働者は会社の市場支配力による利得の分け前にあずかることができる。それとは対照的に、競争モデルに最も近い産業であるアメリカの農業部門には、重要な組合は一つも存在しない。その理由は組織化の困難さにあるのではない。かなり困難であるのは確かだが、組織化の面でもっと大きな困難が克服されたことはいくらでもある。したがってその理由として考えられるのは、農場経営者が労働力にたいしいささかも力を有しておらず、またこの部門には少なくとも最近まで労働組合が追求する価値のあるような市場支配に伴う利得がなかったことである。この点を立証する興味深い事例として、カリフォルニア州のグレート・ヴァレーがあげられる。この地方の大農場経営者は労働力にたいしかなりの力を有している。そしてアメリカではほとんど異例のことといえるのだが、農業労働者が絶えず組織化を企図して活動しており、それがこの地方の一つの特色となっているのである。

競争モデルに近い競争が存在している他の産業部門では、労働組合は一般にいっそう弱体であり、力量も劣っている。繊維産業、[3] 製靴産業、この国の大部分の地域の製材その他の木材業、小規模の卸

売り業や小売り業などはすべて、そういう状態である。もとより私は拮抗力の理論だけで労働組合の組織化を説明しようとは思わない。このように複雑な社会現象は何か一つの単純な説明で解明できるものではない。アメリカの労働組合は、雇用主のみならず、しばしば社会そのものの強固な敵意に直面しながら発展してきた。こうした環境の下では、熟練労働者の組織化のほうが普通の労働者の場合よりもはるかに容易であり、このことが持続的な組合がまず熟練労働者のあいだに出現した理由であることには疑いがない。現代の瀝青炭産業や、さらにいっそう明白だが衣服産業では、労働組合の発展には別の説明が可能である。これらの組合は炭坑経営者や衣服製造業者の市場における弱体な立場を補強するものとして出現した。価格や市場の調整機能は通常経営者の機能であるが、これらの産業部門ではその競争的性格のために、経営者がそうした機能を果たすことができないので、これらの組合がその役割を担っているのである。だがこうした事例にもかかわらず、アメリカ経済における労働組合の力の大きさの説明として、拮抗力の理論は明らかに広範な経験という輪郭に照らしても、ぴったり当てはまる。私は敢えて言うが、現代の資本主義社会における労働組合の大きな力をこれほど十分に解明でき、労働組合をその社会にかんする理論のなかにこれほど巧みに組み込める説明はほかにないのである。

## 4

労働市場は拮抗力の発展を促す誘因を説明するうえでまさにうってつけであり、実際にそれは労働

市場においてきわめて重要なのである。しかしながら、拮抗力の発展は、市場支配力の状況に応じて経済の種々の分野にわたり広く認められる。拮抗力が調整装置としての機能を発揮している最も重要な事例の一つは、大きな小売り業者とその仕入先の企業との関係にみられる。拮抗力がこれらの市場で機能する様子は、幾分詳細に検討する価値がある。

経済理論では、おそらく害のない一つの単純化として、形式上、消費財の生産者はその製品を消費者に直接売るという仮定が行われている。その結果、すべての企業は広範にわたり共通の利害関係を有していると考えられてきた。各企業は労働力と原料を購入し、これら両者を結びつけ、ある期間をおいて最大の利益を得られる価格で消費者大衆にそれを提供する。これが実際に一つの単純化であることは一般に認められており、大学におけるマーケティングの授業も、この仮定からはずれているものを扱っている。だがこの仮定は現実を著しく損なうものではないと長いあいだ考えられてきた。

もしも現実の世界がこの仮定どおりのものだったとしたら、消費者は不幸な立場に立たされることになる。だが実際には商品は小売り業者その他の媒介者を経て消費者の手に渡るのであり、まずこれが重要な点である。すなわち、こうした状況の下で、小売り業者は消費者のために拮抗力をつくり出す必要に迫られるのである。

前述したように、小売り業は今なお新規加入が自由にできるのが特色となっている産業の一つである。小売り業を始めるには資本も少なくてすみ、特別な才能もいらない。いつの時代にも、小売り商人になりたいと考える人びとは十分にいる。小売り店の商人は顧客のために細かく便宜を図ったり、サービスを提供し、注意がよく行き届き、こうしたことにより大商店の競争者と共存することができ

るのである。

大規模に商売を営む競争者の利点は、通常その低価格にある。彼らは絶えず競争者のいっそう急速な成長や新しい商店の出現により、自分の商売が侵食されるかもしれないという脅威にさらされている。こうした販売量の減少は、その結果として、この業者が頼みにしていた低コストと低価格の可能性を崩していく。このことは、比較的大規模な小売り業者も仕入先の価格の引上げには敏感であることを意味しており、それはまた、もしも卸売り業者に価格の引下げを強制できるような市場支配力を育むことができたら、大きな報酬を得られることを意味している。

小売り業者がこうした力を行使する機会は、ただ卸売り業者が小売り業者に奪われても差し支えないようなものを有している場合、つまり卸売り業者が市場支配力の成果を十分すぎるほどに有している場合だけしか存在しない。こうして労働市場と同じように、卸売り業者が市場支配力を有している場合には、大量の小売り業者が自分の立場の防護と利潤追求の双方の点で、拮抗力を発展させる誘因を有していることが認められる。この理論の批判者は、これらのことはおそらく重要だろうが、両者の現象のあいだには共通性はないだろうと示唆している。そうかもしれないが、しかしその場合には、社会現象におけるすべての類似性を否定しなければならないだろう。ここで問題にしている事例でも、市場の状況は同じである。動機となる誘因も同じである。そして、たとえば農業であれクリーニング業であれ、われわれが競争を認めたときそれを競争と呼んでいるのは、それらが共通の特色を有しているからにほかならないのである。

小売り業における拮抗力は、大規模で強力な小売り企業の場合にはっきりと確認することができる。

過去半世紀間、食料品のチェーン・ストア、雑貨店のチェーン・ストア、通信販売店（現在ではチェーン・ストアへと漸次変化している）、百貨店のチェーン、残存している独立した百貨店や食料品店の協同組合的な購入組織などの擡頭は、まさに拮抗力の具体的な出現を示すものにほかならなかった。

こうした動きは、すでに確立されている力にたいする拮抗力の対応である。既存の支配的な力を侵害することから得られる利益はかなりのものであり、目をみはらせる場合さえある。ゴム・タイヤ産業は寡占のかなり一般的な例である。そこでは、四大企業が市場を支配している。一九三〇年代には、シアーズ・ローバック社がその巨大で不可欠な顧客としての地位を活用して、現行市場よりも二九ないし四〇パーセント安い価格でグッドイヤー・タイヤ・アンド・ゴム社からタイヤを仕入れることができた。そしてシアーズ・ローバック社はこれらのタイヤを正規のグッドイヤーの商標のついた同質のタイヤよりも五分の一ないし四分の一安い価格で、倹約心旺盛な自動車乗用者に再販売したのである。

政府が拮抗力の役割を認識できなかった結果の一つとして、グレート・アトランティック・アンド・パシフィック・ティー会社（通常A&P社と略称）によるこうした力の行使を詳細に記した数百ページにのぼる法廷記録にみられるような事態が生じた。A&P社がかなり巧妙につくり上げた拮抗力を、少なくともそれがまだ禁じられていない時期に行使したことには疑問の余地はない。A&P社が行った調査によると、一九三七年に一七万五〇〇〇ドルの投資で、同社はコーン・フレークを自給することができるという結論が出た。しかもA&P社が当時この商品を製造している三大会社の一つに支払っていた価格で販売すると仮定すると、控えめにみても六八パーセントの収益率をあげられるとい

うものだった。こうした情報で武装して、A&P社は生産に乗り出した場合に他の企業に及ぼす脅威により、およそ一〇パーセントの価格の引下げを難なく手にすることができた。(4) 拮抗力の行使によるこうした利益は、ただ既存の市場支配力が存在する場合しか生じないことは明らかだろう。たとえば、A&P社は、農民から農産物を購入する際には拮抗力の行使による利益を得ることができない。農民は競争モデルの競争に従事しているので、A&P社に提供できるような利得を何も持っていないのである。農民は非個人的に決定される市場価格で生産物をすべて売る機会があるかぎり、A&P社にたいし、少なくとも大量販売に伴う割引価格以下の特別価格で提供しようなどとは思わないだろう。

以上に引用したシアーズ・ローバック社やA&P社による拮抗力行使の実例は、この力がどのように機能しているかを最も劇的な形で示している。買い手側の力の日常の行使は、これほど華やかではないが、はるかに重要である。消費財が消費者大衆の手にゆきわたる事実上すべての流通経路の終点には、実際問題として強力な買い手が存在する。食料品の市場には大規模な食料品のチェーン・ストアがあり、衣料の市場には、百貨店、百貨店のチェーン、百貨店の購買組織がある。日用品についてもシアーズ・ローバックやモンゴメリー・ウォードや百貨店があり、これらの企業はまた家具や他の家庭用品の重要な販売店でもある。薬品や化粧品の製造業者も販路の一部を巨大なドラッグストアのチェーンや百貨店に求めなければならず、広範な種々の雑貨はウルワースやクレスジその他のチェーン・ストアを通して消費者大衆の手に渡るのである。

これら買い手としてのすべての企業は製造業者と直接に取引をしており、製造業者のなかで価格を決めるにあたり、これらの強力な顧客の態度や反応を考慮にいれなくてすむような者はほとんどいな

い。小売り業者は供給者側の市場支配に対抗して種々の武器を使うことができる。これらの小売り業者は、食料品のチェーン・ストアやシアーズ・ローバックやモンゴメリー・ウォードが広範に手がけているように、最終的には自ら供給源まで経営することによって、制裁力を行使することができるのである。彼らはまたある特定の供給者と特別な取引関係を結び、低価格で仕入れる見返りとして、供給者側に大量の買付けを保証し、それにより販売用経費や広告費を節約させることができる。こうしたやり方は広く行われており、同時にそれを通して仕入れの際に、これらの小売り業者により行使される圧力についても無数の苦情が表明されてきている。

拮抗力を行使する際のもっと一般的で重要な方法は、売り手にとって不可欠で重要な買い手の意図について売り手を不安な状態においておくことである。大手の小売り業者の購入組織による注文は、最大級の製造業者の生産計画、時には投資計画の基にさえなっている。したがってこれらの小売り業者の注文の変動はただちに大きな損失を引き起こす。こうした制裁を受けるかもしれないという脅威や不安は、供給者側にその市場支配力に伴う利得の一部あるいはすべてを手放させるに十分である。そのうえ、供給者側は強力な顧客の影響力から少しでも抜け出そうとすれば、それより小さい買い手にたいしても利得の一部を提供しなければならないことがしばしばある。だが以上のような場合も、買い手を互いに反目させて利益を得られるような機会がめったにないことは明らかだろう。

大きな小売り業者が拮抗力の行使をいかに重視しているかは、仕入係に付与している威信からもうかがうことができる。仕入係の人びとは現代の大きな小売り企業における最も重要な従業員である。彼らは高給取りであり、実業界での最も知力にすぐれ、才能豊かな人びとに属している。日常の営業

活動において、彼らは取引相手のセールスマンよりもかなりよく知られており、また敬意を払われている。これは彼らが握っている力の大きさを示す、それなりに重要な指標なのである。

消費財の生産者のなかには、拮抗力の行使から自分を守っている者がいる。自動車産業や石油産業の場合には——小売り業者による拮抗力行使の重要性を証明する戦略であるが——、消費者にたいする直接販売網を整備することによってそうしている。また小さくて依存性が強く、したがってかなり弱体な小売り業者の組織にたいする支配力を維持することによって対処している生産者もある。たとえばタバコ製造業者などの少数の産業では、通常、企業が最も強力な買い手により行使される圧力にも対抗できるほどに強力であり、かつ団結心が強いようにみえる。しかしながらタバコ製造業さえも、一九三〇年代のように拮抗力の行使にとって特に有利な状況の下では、A&P社[5]やおそらく他の大きな顧客にたいし、広告費の負担などの形で、価格面での譲歩を余儀なくされた。大きな小売り業者が広範にわたって代表的存在であると考えられる種々の消費財の流通部門では、消費財生産における市場支配力の大部分は拮抗力によって相殺されると結論することができるであろう。——読者はこれが重要な一般化である点に留意する必要がある。すでに述べたように、もとより例外はあり、また拮抗力の強さや効果は市場によって異なる。だが例外があるからといって、ここで述べた通常の現象の意義が損なわれるわけではない。競争の信奉者にとり、競争の美徳は偉大であるが、この場合も、その支配があまねくゆきわたったことはほとんどなかったのである。

拮抗力はまた、消費財の場合ほど明確ではないが、生産財の市場においても認められる。長年のあいだ、鉄鋼の購入者としての自動車会社の力は、売り手としての製鉄会社の力を強く抑制してきた。

デトロイトは、かつてベーシング・ポイント・システム〔基点評価制度〕が鉄鋼価格の設定の際に用いられたことのない唯一の都市である。ベーシング・ポイント・システムの下では、いかなる生産者もその所在地にかかわりなく、引渡し地点では同一価格をつける。これは明らかに強力な買い手が売り手を相互に反目させる機会を最小限にしている。自動車産業における大企業は、まさにこうしたことを回避しうる拮抗力を育成してきたのである。これらの企業は、そうした拮抗力にたいする制限はいかなるものでも甘受しようとはしない。ベーシング・ポイント・システムのある指導的な研究者は数年前にデトロイトの鉄鋼の「任意価格」の相場を説明した際に、「デトロイトにおける自動車製造業者のような特別に巨大で強力な顧客にたいしては、高いカルテル価格を適用するのは困難である」(6)と述べていたが、それは暗黙のうちにだがまさに正確に拮抗力の役割を認識した指摘であった。

生産財市場における拮抗力のいっそう一般的な作用は、典型的な生産財産業におけるように顧客が比較的少数の場合にみられる。紙巻タバコや石鹼の製造業は販路の小売り店が数十万を数え、最終的な顧客は数百万に達するが、機械や設備の製造業者は顧客が数百ないし数千にすぎず、重要な顧客となるとわずか一ダース足らずといったこともよくある。だがここでも、他の場合と同様に、市場は仕入先つまり売り手側の市場支配力に匹敵する力を買い手として育成した者にたいし報酬をもたらす。弱体な売り手が強力な買い手と取引する場合も、この逆がまた真となるのである。

5

賢明な経済学者は自説を一般化しうる限度を認識していると古くから言われてきたし、またそうでなければならない。本書でも今や拮抗力の機能にかんする空間的ならびに時間的限界を検討すべきところに来た。拮抗力が機能しない場合についての研究も、それが機能している決定的に重要な分野における成果を示すうえで利点がないわけではない。前述したように、産業のなかには、消費者と直接接触したり、その産業に依存している販売組織を通して製品を販売しているために、拮抗力に直面していないものもある。市場支配力が非常に強大なため、強力な買い手側の攻撃に直面しても動じなかった場合も二、三ある。さらにまた拮抗力の脅威が明白に認識され、かつそれに抵抗することに成功した場合もある。

拮抗力にたいする抵抗が成功した一例として、住宅建築産業がある。アメリカの資本主義体制のなかで、住宅建築産業ほど誇りをもちにくい部門はない。だが競争という先入観を抱いてこの産業を考察する者は、住宅不足の理由について正確なところはわからないであろう。住宅建築産業には数千もの個人企業が存在している。これらはほとんどすべて小企業で、典型的な住宅建築業者の資本金は数百ドルから数千ドルにすぎない。この産業の業者は住宅所有予定者にたいし市場支配力をいささかも行使しない。住宅建築活動が極度に活発な時期を除き、この部門では激烈な競争が行われている。

この産業には、多くの細かいギルド的な規制がある。建築業者は価格や賃金を守り、建築技術の水準を維持するために、しばしば相互に、あるいは労働組合や地方の政治家と結託している。これら互いの競争を抑制する行為は、この産業の批判者によって大々的にとりあげられ、攻撃されてきた。これらの行為は競争モデルから大きく逸脱しているので、住宅建築産業の貧弱な成果の原因になってい

ると考えられた。リベラル派は長いあいだにわたり、産業に競争を導入すれば、すべてうまくいくという信念を抱いてきたのである。

だが実際には、たとえすべての制限や共謀が除去されたとしても――入札の際に完全かつ自由な競争があり、建築業界の制限的な規約がなく、労働組合指導者や地方の政治家とのあいだに価格引上げのための共謀がなかったとしても――、新住宅の価格が大きく変化し、顧客が住宅について得る満足感が増大するなどといったことは起こりそうにない。その理由は、典型的な建築業者は今なお小企業で、無力であり、効果的な市場支配力を有する供給者側から少量ずつ高価格で建築資材を購入しなければならず、労働力の売り手としての労働組合との関係においても、実質上同様の問題に直面しているからにほかならない。住宅価格を決定しているのは概してこれらの要素なのである。

建築業者は多かれ少なかれ意識的に支配力のない状態におかれているのである。ほとんど例外なく、建築資材の製造業者は製品を建築業者に直接販売するのを拒否している。このことは建築業者が建築資材の供給源にたいして圧力をかけるのを妨げ、それと同時に建築業者に直接購入の利点を一様に拒否することによって、彼らを比較的小規模で力のない状態にとどめておくのに役立つ。建築業者はすべて工事請負人ならびに小売り業者の利鞘まで支払わなければならない。少数の建築業者は――ロングアイランドのレヴィット・アンド・サンズ社の場合はその顕著な例だが――、こうした建築資材製造業者側のやり口を何とか出し抜くことができた。[7] これらの建築業者は、より効率的な買い付けや、労働者との取引における立場の強化や、住宅の大規模な建築生産による節約などの結果、住宅についての顧客の満足感を著しく高めたのである。この産業が今後も改良されていくものとすれば、その将

来がこうした企業の手にあることには疑問の余地がないだろう。

このように、住宅建築産業における発展の道を指し示しているのは、競争ではなく、拮抗力の概念である。そしてそのために必要とされているのは、労働組合や供給者側にたいし圧力をかける力量を備えた、数は今より少ないが規模ははるかに大きい企業なのである。この産業の一部門――支払能力との関係で建築費が特に重要となる廉価住宅建築の部門――が政府の管理下に入った理由は、そうした大企業が存在せず、その結果経済性に欠けていた点から説明することができるだろう。産業内に拮抗力という形で効果的調整機能が存在しなかったために、民間企業は政府にその地位を奪われてしまったのである。古典的な見方に立っても、政府の介入を期待しなければならないような状態であった。だがその原因は、競争ではなく拮抗力が機能しない点にあったのである。

## 6

拮抗力の発展には、企業その他の組織化のためのある程度最小限の機会と能力とが必要とされる。もしも大きな小売り業者の購買組織が個々の消費者のために、彼らの代理人として行使する拮抗力を発展させていなかったならば、消費者は小売り業者の力に匹敵するような力を組織する必要に直面したことだろう。これは大変困難な仕事であろう。だがチェーン・ストアではなく、消費者の協同組合が消費財市場における拮抗力の支配的な手段となっているスカンジナヴィア諸国では、これはすでに実現している。イングランドやスコットランドにおいても、それほど包括的ではないが同様の発展が

みられる。スカンジナヴィア諸国では、協同組合は長いこと明らかにカルテルにたいする圧力手段、つまり拮抗力を行使する手段とみなされてきた。個々の消費者大衆が同じ役割を演ずるのがきわめて困難であるのを知っている多くの人びとは、このことを容易に認識できる。だが消費者の協同組合がアメリカでは重要性をもたないという事実は、アメリカ人にそうした組織化の能力が欠けているからなのではなく、チェーン・ストアが拮抗力の利得を先に獲得したということに原因がある。スウェーディッシュ・コーオペラティヴ・フォルブンデトやブリティッシュ・コーオペラティヴ・ホールセール・ソサエティに匹敵するものがアメリカに現われていないのは、ただA&P社や他の巨大な食品チェーン・ストアと競争することができないからにほかならない。たまたま協同組合の理論の信奉者たちは気づいていないのだが、このことはチェーン・ストアが協同組合と同じくらい効果的に拮抗力を行使しているということを意味している。アメリカ経済においても、資力のある大規模な買い手が出現していない部門では、特に農場用品の購入の場合、個々の消費者は（彼らはまた個人主義者なのだが）スカンジナヴィア諸国やイギリスの人びとが拮抗力による保護と利得を獲得しているのと同じくらい見事に、組織化の能力を発揮している。その実例としては、グレンジ・リーグ連合、東部諸州ファーマーズ・エクスチェンジ、イリノイ農機具供給カンパニー、年間販売額が数百万ドルにのぼる協同組合などがあげられる。

しかしながら、多数の個人が連合し、拮抗力を組織するのは、たやすいことだと考えてはならない。たとえばプエルトリコのように発展のおくれている社会では、人びとは戦略的な地位を占めている輸入業者や商人や卸売り業者の苛酷な取り立てにたいして無防備の状態にあり、しかも自ら拮抗力を育

成する能力を有していない。ついでに言えば、大きな小売り業者の購買組織が行使する拮抗力の効力に疑問を抱く者は、巨大なチェーン・ストアがプエルトリコのような社会の経済に持ち込まれることが、いかに革命的なことであるか、あるいはまた、そうしたチェーン・ストアの進出が、現在の販路である数千もの小規模で独立した非効率的な小売り業者にたいして難なく市場支配力を行使することができる輸入業者や商人によってどれほどの憤激を買い、抵抗を受けるかを、考えてみるがよかろう。(8)

拮抗力を組織する際の困難に照らしてみると、この仕事への政府の援助が繰り返し求められてきたことは驚くにあたらない。こうした現象そのものが十分に認識されぬままに、拮抗力の発展にたいする国家援助の提供が政府の重要な機能――おそらく政府の主要な機能――となっている。過去二〇年間における国内立法の多く、特にニューディール政策は、このような視点から考慮しないかぎり十分に理解することはできないだろう。この問題には次章でまた触れることにしよう。

## 7

そこで次に拮抗力の機能にたいする主要な制約という問題――これはわれわれの時代のきわめて重要な問題だが――について検討しよう。拮抗力はあらゆる条件の下で一様に行使されるのではない。拮抗力は、インフレーションの場合、あるいは市場にインフレーションの圧力が存在している場合には、市場支配力にたいする抑制装置として全然機能しない。

セイの法則と関連して、競争モデルでは均衡は完全雇用ないしそれに近い水準で実現すると想定さ

れていたので、経済学者は長いこと、市場一般が、特に競争が、さまざまな水準の経済活動に応じてそれぞれ異なった動き方をするのかどうか、つまり好況の時と不況の時とで違った動き方をするのか、という問題について研究しようとする気持をもたなかった。いずれにせよ、経済学における便宜上の分業によって、一群の学者は市場と競争行為の分析作業に取り組み、別の一群の学者は経済的変動の原因にかんする研究に従事した。こうした二つの研究部門は、今日でも水ももらさぬ堅固な壁によって、あるいはより直截的に言えば、専門的研究面の分業と学習面での必修科目の違いによって、分離されている。市場行為について教えたり書いたりしている人びとは、売り手が熱心に買い手を求めているような状態を経済の一般的安定の条件と考えてきた。最近のように、インフレーションの時期――つまり旺盛な需要の結果、熱心な買い手があまり乗り気でない売り手を取り巻いている時期――に教えたり考えたりしなければならない場合には、これらの学者はそうした周囲の状況を異常であるとして無視してしまう。彼らは教室での授業の際も教科書を書く場合にも、深刻であるか否かを問わず、デフレーションの最終段階をもとに具体的な説明を行うのである。

競争が経済における基本的な調整力と考えられているかぎりにおいて、こうした単純化は、たとえ若干の誤りを犯すことがあるにせよ、さして重大ではなかった。需要が弱い状態から需要が強力な状態まで、競争行為には広範な連続性がある。いかなる時点においても、競争的市場には、その時点での需給関係における釣合いを反映した価格が存在する。たとえ需要が強力で、価格が高く、かつ上昇しつつある場合でも、一般的ないし均衡のとれた水準以上の価格で販売しようとする売り手は、顧客を喪失するという罰を受ける。買い手はまだできるかぎり安い価格を求めようとする誘因を有してい

る。こうして市場行為は、需要が小さく、価格が低下している場合のそれと基本的には違いはないということになるのである。

それとは対照的に、寡占状態、つまり市場にごく少数の売り手しか存在しない場合、不十分な需要の状態と過度の需要の状態とのあいだには、市場行為にかなり重要な差異が存在する。少数の売り手が市場を占有している場合、誰もが製品をすべて売りつくすことができ、価格を切り下げる誘惑を感じないならば、価格競争を禁ずる慣行を維持することもそれほど困難でないのは明らかである。プライス・リーダーシップ〔価格先導制〕、オープン・ブック・プライシング、ベーシング・ポイント・システムといった、この慣行を遵守しやすくする工夫も、圧迫が少しもないためにすべてうまく機能する。こうしてベーシング・ポイント・システムはこの国のあらゆる配達地域の価格を広く知らせ、あるいは算定を容易にすることによって、偶発的あるいは内密の価格引下げを防ぐことができる。こうした防止措置は、価格引下げの誘惑がない時には必要ない。ベーシング・ポイント・システムは大恐慌期の末期に政府から攻撃されたが、まさにその時期に、鉄鋼やセメントその他、この方式を採用していた諸産業にとってきわめて重要な意味をもっていたことは興味深い矛盾といえる。慎重な法的手続きを経て、この方式が一九四八年四月に法廷で最終的に廃止された時には、これらの産業に及ぼす影響はむしろ軽微だった。鉄鋼とセメントの両産業の会社は、当時生産能力を超える需要に応じるために苦労していた。これらの会社は価格切下げの誘惑など全然感じておらず、したがって当面ベーシング・ポイント・システムの消滅を遺憾とすべき理由は何もなかったのである。

需要が旺盛な場合と弱体な場合とにおける市場行為のこれらの相違は重要であり、伝統的な市場分

析においてそれらが無視されてきたこと――あるいはむしろ買い手が不足しているのが普通の状態であるという想定――は批判されて当然な理由がある。しかしながら市場行為にたいする需要の変動の影響は、ただ拮抗力の役割が認識された場合しか実際には重要な意義をもってこないのである。

拮抗力は、本章のはじめの部分で十分に述べたように、市場に存在するいっそう強大な力に対応して買い手ないし売り手によって組織される。だが市場における強さ、つまり相対的な強さは、明らかに総需要の状態に依存している。需要が強力なとき、特にそれがインフレーションの水準にある場合は、組織力が貧弱な労働者、さらには未組織の労働者さえも、交渉面で有利な立場にたっている。逆に需要が弱い場合には、最も強力な労働組合といえども、その交渉力はある程度低下する。拮抗力が買い手によって行使される場合も、事態は同様である。供給者側に圧力をかけようとすれば、需要の不足が前提条件となる。もしも買い手が豊富なら――つまり需要に比べて供給が少ない場合には――、売り手はいかなる顧客の交渉力にも屈服することを強いられたりはしない。売り手は選択権を有しているからである。[9]

概して拮抗力の力は需要が限られている――もっと正確に言うと需要が無制限でない――状況の下で発展してきた。その理由は、一つには、そのような時期のほうが歴史上、無制限の需要ないしインフレーション的な需要が存在する場合よりもはるかに頻繁に生じていることにある。また一つには、需要が強く抑制されている時期には、弱者にたいするきわめて恰好な攻撃の機会が強者に提供されることにより、拮抗力を形成させる例外的ともいえる強い誘因が生ずることによる。拮抗力が依存している組織の構造の多くは、こうした時期にその起源をたどることができるのである。

いうまでもなく、一九三〇年代の大恐慌期は、この点特に実りの豊かな時期であった。したがってこの時期は、他の大部分の型の事業とはまさに対照的に、チェーン・ストアや集団で購入する種々の企業の発展にとりきわめて好都合であった。一九三六年のロビンソン・パットマン法（これは現在考察しているような拮抗力の行使の制限を意図したものだった）の可決で最高潮に達した大量小売り業に反対する宣伝活動の激しさは、それ自体この時期にいかにチェーン・ストアが有利であったかを物語っていた。それとは対照的に、第二次世界大戦下の需要が旺盛で供給が不足していた時期には、チェーン・ストアは相対的にだが独立小売り業者に地盤を奪われた。供給に比して需要が強力なため、拮抗力を行使するチェーン・ストアの能力が破壊され、その結果その利点が消滅したのである。チェーン・ストアに反対する小売り業者の宣伝活動や憤懣が、大戦期および戦後の時期にほとんど完全に消滅したことも同じように銘記しておいてよい。

大恐慌期はまた労働組合運動に著しい刺激を与えた。だが四〇年代と五〇年代の繁栄の時期になると、労働組合もその活力を失った。最後に、農民による、あるいは農民のための拮抗力の行使の面でも、現代の方策はほとんどすべて大恐慌期に案出されたのである。

このように経済は限られた需要に構造的に適応しているものとすると、無制限の需要の出現は幾分破壊的といえる。いたるところで交渉力は売り手側に有利に移行する。限られた需要に適合した力の均衡はいたるところで覆される。強力な売り手の市場支配力は、これまで強力な買い手のそれにより相殺されていたのだが、今や非常に強められている。弱体な売り手の拮抗力さえも突如として偶発的にだが強化されるのである。

これらの効果はまた労働市場において最も明白に認めることができる。この分野で、それは最も恐るべき力を発揮する。強力な企業が強力な労働組合と交渉している産業においては、前者の経営者は需要が生産能力を圧迫していない場合、通常賃金の引上げ要求にたいし抵抗するものと考えられる。それに屈服することは単位当りコストを高めることになる。企業はこのコストの増加分を顧客に転嫁すれば、必ずその報いを受ける。また同じ産業の他の企業がこれにならうかどうかという問題もある。さらに価格の引上げが販売量に及ぼす影響という問題も常にあるだろう。もしも製品にたいする需要がかなり弾力的だとすれば、価格の上昇は販売量の低下を引き起こすだろう。このことは、その産業の雇用にも影響を及ぼすので、経営者だけでなく、現代の労働組合の指導者も通常意識している問題である。こうして団体交渉における労働組合と経営者とのあいだの抗争は、それだけではないにせよ、実質上利潤の分配をめぐって行われる。言い換えれば、需要が限られているとき、拮抗力は本質的に健全な形で示される。労働組合は労働力の売り手としての力を買い手としての経営者の力に対抗させる。そして主として収益の分配が争点となる。時折り起こるストライキも、賃金引上げのコストを他の誰かに容易に転嫁できない場合に、拮抗力が健全な形で行使されていることの兆候にほかならない。これは保守的な新聞にとってむしろ喜んでもいいはずのことなのである。そして逆に資本主義の崩壊を熱烈に期待している『デイリー・ワーカー』紙は、資本主義が引き続き健全であることを示すこれらのことを嘆くべきであろう。

しかしながら需要が強力な条件の下では、団体交渉は非常に異なった形態のものとなる。この場合、経営者はもはや価格を引き上げれば販売量が減るといった理由で、労働組合側の要求に無理やりに抵

抗しようなどとはしない。今は購買意欲の旺盛な買い手が豊富にいる。組合の要求に最初に屈服した企業も、真っ先に値上げをせずにすませられるかとか、値上げをする唯一の企業になりはしないか、などということについて心配する必要はない。すべての企業に買い手が十分にいるのである。誰も値上げの結果として販売量の一般的な減少を懸念することはない。強力な需要とは非弾力的な需要を意味している。他方で経営者側には、労働組合に抵抗するうえできわめて不利な点がある。利潤の分配が問題となっているのではないので、ストライキの結果失われる時間はまったくの損失となる。労働者の士気の低下とか、よりよい賃金を出す経営者に労働力の一部を実際に奪われるかもしれないといったことも考慮しなければならない。このように需要が産業一般の供給能力を圧迫するほどに十分に強力な場合には、労働組合と雇用主とのあいだには真の利害の対立が存在しない。別の言い方をすれば、すべての交渉力は労働組合側に有利な方向に移行する。そして労働組合は単に価格を引き上げるための機関となってしまう。というのは、労働組合と雇用主とが提携して、彼らの協定によるコストの増加分を価格の引上げに転嫁するのは双方にとり有利だからである。製品の買い手側も他の状況の下であったら価格の引上げにたいし拮抗力を行使したかもしれないが、同じようにそうすることを差し控える。こうしてインフレ的な需要の圧力の下では、経済における拮抗力の構造全体が解体するのである。

われわれは第二次世界大戦後の絶えず押し寄せる賃金と物価の上昇の波の中で、こうした拮抗力解体のかなりよい実例を目撃することができた。これらの時期におけるインフレ的需要の条件の下での経営者と労働者とのあいだの完全な提携は、紋切り型の敵意の表明や、インフレーションがどの

くらい長く続くかといった点についての経営者側の不安により、一部はおおい隠されていた。だが一九五〇年から五一年にかけて、「第五ラウンド」の交渉がほとんど重大なストライキなしに行われた。そしてUSスチール社の社長は一九五〇年一一月に組合の要求に屈服した際、顧客に転嫁される鉄鋼価格の「半セント」のインフレーションは「中断せずに拡張する」生産のために支払う代価としては安いものだと指摘したが、こうした発言は労働組合との事実上の提携を意味していたのである。このようにインフレーションの時期に拮抗力が機能しないということは重要な結果をもたらす。それは時とともに不況恐怖症が薄れるにつれて、一段と重要性を増してくる。私は最後の章でこれらの問題に戻ることにしよう。だがその前にまず、拮抗力の発展における国家の役割について検討することが必要である。

（1） 私はこの概念のために、競争という言葉と同じくらい便利な新しい用語をつくり出したいと思った。そして私が選んだのは“countervalence”という言葉だった。しかし“countervailing power”(拮抗力)のほうが内容をいっそうよく表わしているし、新造語の生硬な響きもないので、これにした。

（2） 私がこうした現象を特徴づけるにあたり、双方独占（bilateral monopoly）という言葉を使わなかった理由の一つはこの点にある。双方独占という言葉を経済的用語として使うと、相互に関係をもたぬままに両極に形成された独占を意味する。これは明らかに要点を見失うことになる。またここでとりあげた調整装置を解明する手段として双方独占の研究を行っても、それが実際には袋小路に入ってしまう理由の一つもこの点にある。しかしながら、この種の研究はまた、それが検討している独占体ならびに（もっと稀だが）寡占体の動機や行動様式にかんする硬直した紋切り型の見方によっても不毛に終っている。（たとえば、William H. Nicholls, *Imperfect Competition within Agricultural Industries*, Ames, Iowa: 1941, pp. 58 ff. 参照。）のちに述べるように、寡

占は、強力な買い手が売り手を相互に反目させるのを可能にすることにより、市場支配力にたいする拮抗力の行使を容易にするのである。

（3）私もイギリスの友人の反対によって気がついたのだが、市場支配力は常に相対的関係において考えなければならないということを心にとどめておくのは大切である。前世紀にイギリスの繊維産業で労働組合が発展をみたが、この産業は大まかには、競争モデルの競争に合致する状態にあった。しかしながら、労働力の買い手として、繊維工場の経営者はその大きな資産と社会における高い威信の結果、労働市場面で個々の労働者よりもはるかに強力な地位を占めていたのである。

（4）これらの詳細な点については、友人であるマサチューセッツ工科大学のＭ・Ａ・アデルマン教授に負うところが多い。

（5）Richard B. Tennant, *The American Cigarette Industry* (New Haven: Yale University Press, 1950), p. 312.

（6）Fritz Machlup, *The Basing Point System* (Philadelphia: Blakiston Co., 1949), p. 115.

（7）レヴィットは建築工事用資材の供給源として自ら完全に所有する建築資材供給会社を設立した。*Fortune*, August 1947, p. 168. またきわめて重要なことだが、彼は組合を認めない経営者として重きをなすにいたった。

（8）これはハーヴァード大学から最近出版された詳細な研究の主題である。(John Kenneth Galbraith, Richard H. Holton and colleagues, *Marketing Efficiency in Puerto Rico.*)

（9）日常の取引において「買い手」市場と「売り手」市場とを識別し、しかもそれが頻繁に使用されていることは、現実の市場に関与している人びとがいかに拮抗力の盛衰を重視しているかを反映している。こうした識別が通常の経済学において尊重されていないのは、拮抗力が経済学者により認識されてこなかったという事実に起因する。しばしばみられるように、実際的な人間は自分にとってきわめて重要な現象を表示するために術語を考案するが、それは経済理論に組み込まれていないために教科書には決して現われない。実業家により一般に使われているが経済学理論では概して無視されている「ブレーク・イーヴン・ポイント（損益分岐点）」という概念も、こうしたことのもう一つの例である。

# 第一〇章　拮抗力と国家

## 1

アメリカ国民は、政府との関係については、以前からプラグマティズムによって理念に柔軟性をもたせる能力を多分に発揮してきた。国家主義や福祉国家、さらには国務省をも痛罵する頑固なまでに保守的な実業家も、もしも関税にかんし実際に政府にはたらきかけることが必要と考えたら、自分の信念のためにそうすることを断念したりは決してしない。また社説欄でケインズ学派や赤字財政を災厄の前兆であると非難する筋金入りの保守的な経済雑誌も、金融欄では、同誌が深く嘆いているはずの新予算の赤字により財界の取引量と収益は好ましい影響を受けるだろうと指摘するのを忘れない。公民権にたいする不信感を除き、州権にたいする信念が比類ないほど強い高地綿やタバコのプランテーション経営者も、そうした立場にもかかわらず連邦管理の市場割当て政策に賛成票を投じ、きわめて包括的な形態の農業統制を認めるのである。

拮抗力という現象は、長い間経済学や政治学の理論において認められていなかったとはいえ、実際上きわめて重要なので、政府にたいするわれわれの非常にプラグマティックな姿勢と考えあわせると、

それが多くの立法の目的であったり、多くの政策の課題であったと、考えることができよう。前章で明らかにしたように、現代の経済には拮抗力を発展させようとする強い誘因が存在する。さらに拮抗力を求める集団は、当初、市場ではるかに少数かつ有利な立場にたっている集団に直面しているために組織化を求めている、多数の不利な立場にある集団である。こうした状態は世間の同情を呼び起こしやすく、しかもそこには多数の有権者が含まれているので、政治的な支援を得るのにきわめて都合がよい。

事実、拮抗力にたいする支援は、現代ではおそらく連邦政府の国内における主要な平時の機能となっている。労働者はワグナー法が労働組合にたいして提供した保護と援助の下に拮抗力を求め、獲得した。農民も拮抗力を求め、連邦政府の農産物市場での価格支持政策——これは市場支配力に対抗する直接的な助成である——という形態で入手した。未組織労働者もそれを求め、最低賃金立法の形で獲得した。瀝青炭産業も拮抗力を求め、一九三五年の瀝青炭保全法や一九三七年の全国瀝青炭法で手に入れた。(1) これらの政策はすべて、ある集団に以前にはなかった市場支配力をもたせようと意図したもので、ニューディールの最も重要な立法措置に属していた。そしてこれらはニューディールならびにフェアディールをめぐる国内で最も激しい論争に火をつけたのである。

こうした立法ならびにそれを支援した政府がなぜ激しい論争の的になったかという点には、何ら問題はないはずである。拮抗力の形成にあたって政府の援助を求めた集団は、それまで従属させられてきた市場支配力にたいして拮抗力を活用するためにその力を求めたのである。拮抗力によって自分たちの力が抑制される者が、そうした拮抗力の発展やそれを扇動する政府の介入を歓迎するなどと期待

することは、とうていできまい。

拮抗力の性格がしっかりと把握されていないので、それとの関連での政府の役割は不完全にしか理解されていないだけでなく、また不完全にしか演じられていない。拮抗力がいっそうよく理解されれば、それだけ将来の行政の改善に貢献することになると期待することができよう。

## 2

経済における拮抗力の役割は、政府の政策にかんして二つの広範な問題を浮き彫りにしている。インフレ的需要がある場合を除き、拮抗力は現代の経済において価値のある――実際に不可欠な――調整機能を果たしている。したがって拮抗力に発展の自由を与え、またそのための最良の方法を決定するのは政府に課せられた責任である。政府はまた拮抗力の発展をどの部門でどのように積極的に支援するかという問題に直面する。そこでまず最初に拮抗力の発展を認める消極的な役割を見つめ、それからそれを促進する積極的な役割を考察するのが便利だろう。

まずはじめに――前章の議論である程度明らかにしたことだが――拮抗力と本来の市場支配力との幾分一般的な区分を行わなければならない。[2] ある特定の製品の生産・加工あるいは分配過程のどこであれ、一つないし少数の企業が最初に強力な市場支配力を確立するのに成功した場合、それらは本来の市場支配力の所有者であると考えてよい。これらの企業はその購入価格や販売価格にたいする支配力の結果として、普通より多くの利鞘や利潤を獲得することができる。[3] これらはいっそう弱い供給

者や顧客の犠牲の下に得られるのである。これはリベラル派が古くから懸念し、同じように以前から経済学者が非難してきた独占的な地位であり、彼らの本能は健全だったということになる。そして、拮抗力は、供給者や顧客のいずれが保持するのであれ、そうした優越的地位を侵害し、弱い集団の立場を改善するのである。

政府が従う原則は根本において明白である。もしも本来の市場支配力が拮抗力により効果的に相殺されていないならば、そうした市場支配力の地位を攻撃するのに十分適切な理由がありうる。少なくともすべての市場支配力に反対することは理論的に正当化しうる。他方で本来の市場支配力を放置するような拮抗力にたいする攻撃は正当化できない。それどころか、拮抗力を攻撃すると、通常その結果として、経済の公平性と最も効率的な運営との双方にとり打撃となるのである。

そうした原則を実際に適用する問題は、たいてい反トラスト法の分野に属し、それはこの原則の簡単な表現によって示されるのよりはるかに厄介である。実際に現在反トラスト法において、本来の市場支配力と拮抗力とのあいだでどれほど一般的な識別が行われていようと、そうした識別は競争について現在受け入れられている観念をもとにしているのではなく、現象そのものにかんする実際的な対応を通して明確にされているのである。

市場支配力の最初の発展に際しては、資本主義的企業が長いあいだ指導権を握ってきた。マルクスの社会主義の恐るべき体系は、この力は強大であり、革命が起こらないかぎり不変であるとの仮定に基づいていた。これらの企業がそうした本来の市場支配力を有する地歩を占めていたのは、広範な歴史的事実だった。労働者や農民が彼らの労働力や作物を販売する際に力を発揮しようとしたとき、市

場における支配力はすでに企業の手中に握られていたのである。労働者や農民の組織を反トラスト法による摘発から除外するのは、本来の市場支配力と拮抗力とのあいだの識別と、一般に合致することといえよう。実際にこれらの組織は反トラスト法の適用から除外されている。シャーマン反トラスト法では、労働者についてまったく言及がなされていないが、連邦議会が一八九〇年にこの法律を制定した際には、交渉力を強めようとする労働組合側の控えめな努力さえも念頭においてはいなかった。その結果、労働組合は裁判所の解釈により反トラスト法の適用を受けるようになった。実際にシャーマン反トラスト法が効力を有した最初の数十年間、その主要な攻撃目標となったのは労働組合だった。だが一九一四年のクレイトン法によって、労働組合はようやくその適用から除外された。最高裁判所は一九二一年に幾分頑迷にも労働組合を再びその適用下においたが（ブランダイス、ホームズ、クラークの各判事は反対した）、その後一九三二年のノリス・ラガーディア法およびそれに続くニューディール法廷のいっそう好意的な判決によって、労働組合は再びかつ最終的にその適用から除外されたのである。

それと同様に、農民の市場支配力を高めようとする農業協同組合の努力も、合理的な枠内にとどまるかぎり、一九一四年のクレイトン法や一九二二年の立法（カッパー・ヴォルステッド法）、さらにいっそう特殊な場合だが、一九三七年の農業市場協定法によって、反トラスト法の適用から除外されている。連邦議会はこのように暗黙のうちにだが、市場での力を発展させようとする労働者や農民の活動は実業界の企業のそれとは異なっていることを認めた。この相違は——今では十分に理解できることだが——労働者や農民のこれらの活動が労働力や作物を売る相手の力に対応しようとしたものにほか

ならないという点にあった。

本来の市場支配力と拮抗力とのあいだの差異をより正確に、かつ意識的に活用しようとすれば、若干の労働組合や農民団体は明らかに本来の支配力を保有していたという事実を考慮にいれなければならない。たとえば建築業の労働者は絶対的な意味では高度に組織化されておらず、特別に強力なのでもないが、彼らが交渉する小規模の雇用主との関係においては強力なのである。彼らは明らかに本来の市場支配力の保有者である。労働組合運動一般の場合と比べ、彼らの力が特別な性格を有するために、労働組合運動一般の役割に好意的態度を示している人びとも、建築業の場合は、自分たちが生産制限をし収入を増加させる力を十分にそなえた労働組合の側に立つことになるのを見出して不愉快になり、困惑するのである。この問題にたいする明白な回答は、本来の支配力と拮抗力とを識別することにある。これら両者を明確に識別すると、論理上、鉛管工や左官の親方の制限的行為は司法省の適切な関心の対象となる一方、絶対的にははるかに強力（相対的にはそうではないが）であっても、労働力の供給にかんし同様の制限を課していない鉄鋼や自動車産業の労働組合はそうではないということになる。[4]

同様に、疑いもなく農業生産者の集団が本来の市場支配力を行使している場合もある。現行法が規定している反トラスト法の適用からの除外も完全ではない。すなわち、協同組合活動の結果、価格が「不当に引き上げられ」たりした場合、農務長官は告訴する権限を有しており、また協同組合は非農業部門の企業とその力を合体させることを禁じられている。その結果、――以前のカリフォルニア果実栽培業者取引組合（サンキスト・オレンジ）や、牛乳配給業者、労働組合、さらには大学教授とも結

びついて取引を制限したと告訴されたシカゴ・ミルクシェッド製造業者の組織など　農民組織にたいする告発が時たまみられる。だがこのような事件は頻繁に起こっているわけではない。

しかしながら、拮抗力の役割を認識できなかったことのいっそう深刻な結果は、産業機構それ自体の内部に生じている。反トラスト法が拮抗力の形成に成功した企業にたいしても一様に適用される一方、拮抗力を生み出す要因だった本体の市場支配力の保有者は攻撃を受けずにすんだりしている。そのような行為は法の権威を独占的力の保有者の側におき、民衆一般の利益に反している。そしてそれは経済に損害を及ぼすだけでなく、また反トラスト法の威信をも損なうような効果をもたらしているのである。

3

前章で明らかにしたように、拮抗力行使のための最も重要な手段の一つは巨大な小売り組織である。これらの組織は、消費財の生産者や加工業者の市場支配力から消費者を守る主要な防衛線となっている。われわれはすでに、これらが他の国ぐにでは明らかにカルテルの力に対抗する手段と考えられている消費者協同組合のアメリカ版というべきものであることをみてきた。だが巨大な小売り組織は政府による攻撃の一般的な目標となっているだけでなく、幾分は特定の攻撃目標とさえなっている。チェーン・ストアその他の大口の買い手は、近年しばしばシャーマン法による告発の対象とされ、また特にこれらの業者による拮抗力の行使を禁ずることを意図したロビンソン・パットマン法の特別の

攻撃目標とされてきたのである。

ロビンソン・パットマン法の条項の下で、チェーン・ストアは大量の発注によるコストの低下を通して利益を得ることはできるが、優越した交渉力を利用して相手から譲歩を得ることは禁じられている。これらの譲歩は本来の経済的支配力に対抗して勝ちとった場合にのみ重要な意味をもちうるものであるから、このような規制は本来の支配力には有利なように、拮抗力には不利なように、差別することにほかならないのである。

本来の市場支配力と拮抗力とを識別できなかった結果の実例として、A&P社にたいする数回にわたる訴訟事件は特に注目に値する。この会社は第二次世界大戦前にロビンソン・パットマン法違反のかどで告発され、[5]一九四四年に起訴され一九四九年に最終的判決を受けた事件ではシャーマン反トラスト法違反で有罪とされ、[6]さらにその後しばらくしてから再び告訴された。こうした多くの法的な災難にもかかわらず、この会社は消費者を搾取したとがめられたことはないし、そうした嫌疑をかけられたこともない。それどころか反対に、その罪科たるやあまりに精力的に仕入先と交渉し、しかも消費者のために効果的に交渉したというものだった。一九四四年に始まる事件でA&P社が告発されたのは、利鞘を減少させることによって販売量を増加させようとし、価格を引き下げさせるために仕入先との交渉に際して強い圧力をかけたという理由によっていた。これらの仕入先は――それには巨大な缶詰会社のような強力な売り手も含まれていたが――長いこと価格をめぐりA&P社と力を競い合っていた。しかもそれらの支配的地位は打撃をこうむっていたわけではなかった。こうして政府は消費者向けの価格を引き下げる効果をもつ活動を告訴するというきわめておかしな立場にたったので

ある。他方でＡ＆Ｐ社に拮抗力を行使させた市場支配力のほうは、もとのままの状態に保たれていた。A&P社にたいする告訴は強力にその正当性が主張された。この企業は食品小売り販売高の一〇パーセント以下を占めているにすぎず、強力な競争者がおり、前章で考察したように、新規企業の加入がきわめて容易な産業部門に属していたにもかかわらず、食品小売り業の分野で効果的な独占体を形成するかもしれないという危険性が強調されたのである。だがこれらの事件が反トラスト法の支持者にとりひどい困惑の原因となったことはほとんど疑問の余地がない。たとえどれほど説明に工夫をこらそうと、この事件の場合、反トラスト法の施行が公共の利益に反したことを隠すことはできない。現在検討していることに照らして考えると、その理由は明らかになる。反トラスト法の施行は、拮抗力の行使を抑制することにより、まさに同法の擁護者にとって仇敵である市場支配力そのものを保護する役割を演じたのである。(7)

だが以上のことからただちに、今や反トラスト法のなかに拮抗力の除外規定を設けるべきだと結論すべきではない。有用な経済的観念とそれを適用する法律的観念とのあいだには、常にかなりのギャップが存在する。しかしながら、反トラスト法にたいし直接影響をもちうる多数の結論がこの分析から導き出される。まず第一に、単なる市場支配力の保有や行使は、反トラスト法を発動させる有用な基準とはならない。誰にたいし、いかなる目的のためにその力が行使されているかという、より突っ込んだきわめて実際的な質問がなされなければならない。こうした質問がなされ、それにたいする回答で一般大衆が犠牲にされていることが明らかにされなければ、反トラスト法によって、独占的支配力が削減されるだけでなく、拮抗力を攻撃することにより逆にそれが強められることも起こりう

るのである。

第二に、ロビンソン・パットマン法のような立法によって、経済が若干の損害をこうむることは明白である。この立法は、経済学者が価格差別と呼ぶようになったものをめぐる、一九一四年以来の長年の混乱した法的ならびに立法面での抗争の頂点における成果である。この立法の表向きの動機は競争の保護にあった。売り手は一部の顧客にたいする価格の引下げが特別の販売に基づく節約によって正当化できない場合とか、あるいはそうした価格の引下げが他の売り手との競争や顧客間の競争を「損なったり、破壊したり、阻止する」ような効果をもたらす場合には、そのような価格の引下げを行うことを禁じられる。そしてこの立法は実際問題として、いかなる大口の買い手にたいする重要な価格の譲歩をも合法性の点で疑わしいものにするという効果をもち、それは最近の法廷での判決によりいっそう強められているのである。(8)

競争にたいし確固とした信念を抱いている人びとさえも、この立法が競争の保護に大いに役立っているかどうか疑問を抱くようになっている。疑問の余地が全然ないのは、この立法が拮抗力の効果的な行使を直接阻害しているという点である。価格差別の実現は――それには特別に価格を引き下げさせるために交渉力を活用することになるが――拮抗力行使のまさに本質そのものにほかならない。効果の点で疑わしいが、政府は経済の自動調整装置の一つを保持しようとして、もう一つの装置をひどく損なっているのである。

最後に、拮抗力の理論は、ある産業における種々の企業の利点とか、それとの関連で反トラスト法の目的について重要な手がかりを提供している。第四章で述べたように、市場理論にかんする新しい

考え方の効果の一つは、少数の企業による産業支配が実際に社会的にみて独占よりも好ましいかどうかという点に、深刻な疑問を投げかけたことだった。これらの企業はひとたびその相互依存性を認識するや、価格、生産、利潤等にかんし、単一の企業の場合とあまり異ならない地歩を築きあげるものと考えられた。このことは、寡占状態をつくり出すために独占体を告発するのが価値のあることかどうか、疑わしくしたのである。

寡占と技術革新や開発との関係についての考察により、すでにこうした結論にかんし若干の疑問が出ているはずである。寡占が特色となっている産業のほうが単一の企業によって支配されている産業より進歩的であろう、と想定してもよい理由がある。拮抗力の役割を認識すると、寡占の側にさらにいっそう有利な点が浮かび上がってくる。一般に、一つの企業よりも、三、四、あるいは一ダースもの企業の不完全な連合体によって保持されている市場支配力のほうが、拮抗力にとり打ち破るのがはるかに容易であると考えることができる。市場に一つ以上の企業が存在する場合には、それらを相互に反目させて利益を得る機会が存在する。ある事業家の心の中に、他の事業家の意図や善意について不信感や不安感を引き起こすことができる。そして交渉に際しては、これらを譲歩に転化させることができる。企業数が減って一つになると、そうした機会は突如として消滅してしまうのである。

このように拮抗力の理論は、反トラスト法の非常な弱点となっているところを防衛するようになる。単一企業による産業支配を防いだり、分散させようとする努力は、拮抗力行使のための機会を広く拡大した点でも擁護することができる。企業合同にたいする抵抗にも、同様の同じくらい適切な理由が存在する。独占には独特の害悪があると常に信じている人びとは、拮抗力の理論により、少なくとも

幾分は考え方が変るであろう。

## 4

二〇世紀に、かつて不利な状態におかれていた二つの重要な集団である労働者と農民の立場が改善された結果、アメリカの経済生活と政治生活とが前より強固なものになってきているという点では、意見の一致をみるにちがいない。わずか五〇年前には、アメリカの労使関係は陰気さと怒りと恐怖により特色づけられていた。農民の態度には不安感や劣等意識が深く宿っていた。経済的に劣った状態におかれていることが、こうした態度に反映していたことには疑問の余地がない。労働者や農民は自分たちがいろいろな方法で他人の力に従属させられているのを意識しながら生活していた。したがって、拮抗力の発展とともに、彼らの態度が変るのは必然であり、現実に変ってきたのであった。劣等感や不安感にとって代り、対等であるとの意識や自信が十分に育まれた。実際に、今やアメリカの経済や政治体制がその結果強固になっていないなど論ずることは困難であろう。

こうした議論は、本書が最初に出版されて以来活発に行われている。社会の平穏ということが十分に可能性のある社会的目標となったかのようにみえる。いかなる時でも、公然たるものであれ抑圧されたものであれ、革命は起こらないほうが一般の利益になるように思われる。しかしながら、社会的緊張の緩和を主な目的としている変化とか革新は、経済学のなかにあまり確固とした基盤をもたない。少なくとも競争モデルを社会の通常の状態であると考えるように訓練された人びとの場合は、そうい

うことがいえる。素晴らしい目標を追求するにあたり、少々の混乱は受け入れようとしている人びともいくらかはいる。またこれらの問題は経済学者が頭を悩ませる問題ではないと考える人びともいる。こういう人びとは暴動を窓から傍観することができる人びとなのである。

こうした経済学の伝統の下にあっては、社会が変化したかどうかを検査する唯一の十分な手段は、組織や技術を与件と仮定するとして、それが消費者物価を引き下げているかどうかをみることである。だがこれは拮抗力がいつも満たすことのできるものというわけではない。労働者や農民による拮抗力の発展は、主として所得の分配を引き起こす。そしてそれは限界費用を引き上げることにより、消費者物価の上昇をもたらすかもしれないのである。

しかしながらこの検査の純然たる静的性格に伴う誤りは別としても、それが社会的にはとるに足らないような点に限定されるのは明白である。経済的権力に従属させられている人びとの政治的態度が温和なことはめったにない。多くの国ぐにで、彼らは暴力的行動を数限りなく起こしてきた。これらの緊張を除去するには代価を必要とするが、それでもなお、それが社会の目標となりうることは明白である。同時にその代価がかなり高くつくということを示す兆候が、これまでになかったことも付言すべきであろう。

以前不利な立場にあった集団による拮抗力の発展を望ましいことと受け入れている人びとのなかにも、注意深く、それは決して最良ではなく次善の解決策であると指摘する者がかなりいる。彼らは次のように主張する。現代の企業の力を考えると、それと取引をする者が自身を保護する能力を備えていることは当然ともいえる。だがこれらの巨獣間の抗争を避けられたら、そのほうがはるかによかろ

う。巨大な集団間のこうした取引には、何か恐ろしい、おそらくは危険なものがある。したがって、すべての者に権力を拒否したほうがはるかによい。拮抗力の世界は我慢できるものかもしれないが、きわめて不完全なものなのである。

これは一応興味をそそられる議論であるが、実際の成果に関心をもつ者には訴える力がなさそうである。経済的支配力を根絶しようとする過去の努力は、きわめて無益なものとなっている。それが将来もっとうまくいくだろうとはとても想像することができない。経済的支配力とは実際、成功している資本主義そのものに内在するものなのかもしれないのである。われわれは、抑制力が不必要とされるような夢の国を探し求めるよりは、現在手にしている抑制力で満足したほうがよかろう。

最後に、政府が拮抗力の発展に果たした役割には特別の関心が抱かれている。前述したように、農民、労働者、その他多くの集団は、彼らの市場支配力にたいする直接の支援、あるいは市場支配力を可能にする組織化への支援という形態で、政府の援助を求め、またそれを受け入れてきた。簡単に言うと、政府は独自の力で、労働者や農民その他の拮抗力を助成してきた。（農民の利益のための努力は、拮抗力の問題をめぐる非常に多くの側面を明らかにするので、それらは詳細に検討する価値がある。この問題は次章でとりあげる。）これらの集団が今日示している自信や安寧は、ある程度まで政府のこうした援助のおかげであることは明らかである。

だがさまざまな政策のなかで、これほど不承不承かつ罪悪感にさいなまれながら企てられてきたものはない。これほど現実には恵み深い成果を生み出していながら、誇りをもって考えられていない政府の施策はほとんど想像することができない。特に農業の場合には、最近まで、すべての政策が「緊

急」立法として特色づけられてきた。これは賢明かどうかわからない行動にたいして、われわれが良心への言い訳としていつも決まってつけるレッテルなのである。

こうした罪悪感の主な理由は、疑いもなく、拮抗力を発展させようとする集団にたいする政府の補助の考え方が、アメリカの正統的な経済学や政治学の理論のなかに組み込まれていない点にある。したがって拮抗力を発展させるという未完の仕事は、社会改革者の日程にはのっていなかった。実際に、改革者はこの種の行動の場合ほとんど決まって意表をつかれた状態だった。今問題にしている集団が自分たちの利益のために政府の援助を得られるほどに十分強い影響力を獲得した場合も、ただ独力で前進し、改革者の理念による祝福や恩恵を受けずに、それを達成したのである。拮抗力の役割が理解されるようになると、その過程での政府の支援によって引き起こされた不安も、多くは消滅するものと期待することができる。

われわれはまた経済における拮抗力の拡大をいっそう冷静に考察しよう。過去においてアメリカ経済をこれほどめざましく強化しているものは、将来においても役に立つ潜在的可能性があると想定されるにちがいない。今なお組織された市場力をもたず、その結果が低い生活水準に反映しているアメリカ人が数百万人もいる。これらの人びとには、たとえば、アメリカ的生活様式からまったく忘れられてしまった人びとであるおよそ二〇〇万人の農業労働者が含まれている。彼らの働き口は不安定なものであり、一日の予告期間で解雇できないような者は少しもいない。彼らはごく限られた社会保障の恩恵しか受けられず、きわめて危険な職場の場合も、通常労働者災害保険制度により保護されていない。彼らの多くはきまった住居がなく、賃金も、彼らの労働力にたいする需要が大きい時でさえ、

とうていよいとはいえない状態である。農民が新たに獲得した市場力による収益にしても、雇用主の手に渡ったとしても、農業労働者には今なおその分け前が行き渡っていないのである。

こうした人びとには、さらに都市の未組織労働者がいる。彼らは労働運動の外縁におり、おそらく最も重要なことに、これまで経済的力を発展させる努力を怠ってきた職種に属している。学校教師、事務職員、市役所職員、公務員などは、組織化を何か品のよくないものと思い、あるいはまた、雇用主と社会全体が彼らの重要性を認識し、それに即して給料を払うものと考えており、一般にそうした組織化を回避してきた。それに加えて、ホワイトカラー労働者のなかのすぐれた人材は、普通の労働者の場合と異なり、昇進の機会をつかむという別の道を歩むことができた。たとえば、高等学校の数学の教師にとり、まもなく校長になれるのであれば、一〇パーセントの給料の増加などあまり重要ではなくなる。このような組織化にたいするホワイトカラー労働者の自発的な武装放棄は、愛国心や健全なアメリカニズムの表明として、関係当局や民間の雇用主によりいつもきまって歓迎されてきたのである。

第二次世界大戦前の時期には、ホワイトカラー労働者の集団は、おそらく市場支配力をもたないからといって、特にひどく苦労したわけではなかった。物価が安定している時期には、サラリーマンはただ実質所得の増加のために給料の増加を求める。賃金切下げに反対して闘う賃金労働者と異なり、サラリーマンはその弱い立場のために条件が悪くなるわけではない。熟練した交渉者は独力で大きな成果をあげることができる。(9) しかしながら物価が上昇する時期には、もしもそれまでの状態を維持しようとすれば、市場支配力を積極的に行使しなければならない。市場支配力を主張しようとして次に

出てくる集団は上品ぶったホワイトカラー階級だということが、私には十分にありそうなことに思われる。いずれにせよ、現在、未組織状態にある集団が市場支配力を追求し、その過程で政府の援助を得ようとする活動が、もはや終了しているなどと考えることはできない。

事態の現実のなりゆきとして、市場支配力を強化するために政府から何らかの重要な補助を得るには、その前に集団自体によってある程度組織化の成果をあげなければならない。農民や労働者は自分たちを代表する組織をつくり上げるまで、国家に彼らの活動を支援させることができなかった。一九三〇年代に、零細農民や小作農民や農業労働者を援助する、理想主義的で創意に富んだ活動の結果実現をみた農場保障局は、主として、援助を受ける人びとが議会や国民にたいし、彼らのためになされた活動を弁護するための組織を欠いていたために、しだいに影が薄くなった。拮抗力にたいする支援は、政府によって特別に賦与されるのではない。それは要求しなければならないのである。

## 5

この時点で、本書が冒頭で掲げた質問の一つに、少なくとも暫定的にだが答えることが可能となる。それは最近数十年における国家の活動の著しい拡張——保守派が非常に警戒する一方、多くのリベラル派が理由もまったくわからぬままに支持している拡張——の意味である。われわれは今や国家の新たな活動の大きな部分——農業立法や労働立法や最低賃金法など——が、拮抗力の発展と結びついているのを理解することができる。そのようなものとして、それは決して偶発的でも異常でもなく、政

府の活動は通常の経済過程を支えたり、補ったりしているにすぎない。拮抗力を強化する手段は、原則において、競争を強化する手段と異なってはいない。経済における私的な市場支配力の存在を前提とすると、拮抗力の成長は、経済の自動調整能力を強化し、それにより必要ないし要求される全般的な政府管理や計画化の量を減少させるのである。

さらにもう二、三の点を指摘しておこう。われわれの時代には、国内政治の見解の相違は、拮抗力を発展させる活動を支持するか支持しないかという問題をめぐって強まっていくものと考えることができよう。リベラリズムは経済における交渉力が弱い者を強化しようとする立場と同一視され、保守主義は――これはその適切な機能と考えてよいが――本来の支配力を保護しようとする立場とみなされることになる。弱い立場の者が必要以上に強化されたかどうかという問題についても、論争が起こることだろう。タフト・ハートレー法をめぐる抗争は、拮抗力が引き起こしたと考えられるタイプの政治問題の一例である。タフト・ハートレー論争において争点となっていた本質的問題は、交渉力が弱い者を強化する過程で、政府がそれを不当なまでに強くしてしまったかどうかということであった。

全体として、拮抗力が政治問題の様相を呈したことは、ほとんど決まって不健全なこととみなされているが、特に不健全であると考えることはできない。一見したところ、貧しい人びとや取り残された人びとが、民主主義の社会にあって、ただ権力を獲得することによってしか運命を改善できないという考え方には不快なものを感ずる。だがこれまでのところ、その成果について悔やむよりはむしろ是認すべき理由のほうが多い。社会における大きな集団の地位は著しく強化され、改善されている。他方で、もとより力を失った人びとが自分たちの損失を快く思っているなどと想像することはできな

い。彼らがそれを非常に遺憾としている理由はたくさんある。しかしながら権威が失墜することによってかえって、老後の快い生活の点でいっそう明るい見通しを得ている者もいるかもしれないのである。

もとより他の力を相殺するために育まれ、鼓舞された力が、独自の道を歩みはじめる可能性は残っている。これは、拮抗力の概念にたいするほとんどすべての批判者、さらには最も好意的な人びとさえもが不安に思っていることである。この危険性は存在するかもしれない。それについては誰も明快に語ることができない。この点、拮抗力の発展のために最も精力的に尽力した人びと――特に労働組合や主要な農民団体――が、これまでのところある程度自制して振舞っていることが、幾分慰めとなっている。同時にここは目新しいことが何でもひどく危険であると考えられている部門であることも、心にとどめておく必要がある。経済的支配力はその最も初歩的な形態のものでさえ、そうした不安感を引き起こすものなのである。あるアメリカの指導的な企業家は一九〇三年に、「組織労働者はただ一つの法律しか知らない。そしてそれは物理的な力の法律、つまりフン族やヴァンダル族の法律であり、野蛮人の法律である。……知的な人間というよりは肉体的な人間によって構成され、心の中に革命の使命感を抱いた指導者により率いられているので、組織労働者が経済学の自然の法則と直接矛盾する諸原理を支持するのは不思議でも何でもない」と警告していた。(10) 今日では専門的な扇動家でさえ、労働運動についてそのような見解を口にしたりはしない。弱い集団の拮抗力にたいするわれわれの不安感が解消するか、そして市場における力を確立しようとする彼らの努力が経済的進歩を構成する要素となるかどうかは、ただ歴史に照らしてのみ明らかとなる。われわれが導かれるのはわれわ

れの経験であって、不安感であってはならない。

(1) 最初の法律は一九三六年に違憲判決を下された。二番めの法律は大戦の最中に満期となったが、この頃には過度の需要により、炭坑経営者の交渉力は十二分に強化された。

(2) ウィリアム・J・フェルナーは彼の著書 *Competition among the Few: Oligopoly and Similar Market Structures* (New York: Alfred A. Knopf Co., 1949) において、労働組合の市場力は、企業のそれとの関係についてみると、中和的性格のものであって、付加的ではないと述べている。ここにはちょうど私が指摘している相違と似たものが含まれているのではないかと思う。

(3) 技術的にいうと、限界費用を超えた価格や利鞘である。

(4) ここでもまた、政府の施策は現存する理論では認識されていない識別を実際的に認識する傾向を示している。一九四〇年に建築業労働組合の本来の支配力は司法省により攻撃された。しかしながら、最高裁判所の最終的判決——*U. S. v. Hutcheson et al*, 312 U. S. 219 (1940) ——により、労働組合は実質上適用から除外されたのである。

(5) *Great Atlantic & Pacific Tea Co.* v. *FTC*, 106 F. 2d 667 (1939).

(6) *U. S.* v. *New York Great Atlantic & Pacific Tea Co.*, 67F. Supplement 626 (1946). この事件にかんする議論については"M. A. Adelman, "The A & P Case: A Study in Applied Economic Theory", *Quarterly Journal of Economics* (May 1949), pp. 238ff. 参照。

(7) ロビンソン・パットマン法ならびにその施行 (そしてこれほどではないが、同様の究極的効果をもつ諸州の公正取引法) を支持する圧力の多くは、自ら効果的な拮抗力を保持せぬ、チェーン・ストアの比較的小さな競争者から出され、引き続きそうである。これらの小口の小売り業者は事実上、自分たちの弱体な買い手としての立場を、他の業者にも力を拒否することによって守ろうとしてきた。これは十分に理解できることだが、独立した小売り業者がとるべき道はこれしかないというのではない。これらの小売り業者は買い手として他の独

立小売り業者と提携して交渉力を築きあげることも可能だった。そして若干の分野では——たとえば食料品小売り業や百貨店など——こうした協同組合的な取引方法は多大の成功を収めた。政府当局が本来の支配力と拮抗力とについてもっとはっきりした見解を有していたなら、協同組合的取引方法は独立小売り業者の立場を保護するいっそう好ましい方法とされていただろう。簡単に言うと、拮抗力をすべての者に拒否して、それと結びついた利点を排除しようとする政策よりも、小売り業者の拮抗力をいっそう包括的に発展させたほうが、公共の利益に合致していたことであろう。

(8) 特に *FTC v. Morton Salt Company*, 334 U. S. 37 (1948). もっともこれより最近の判決では、別の売り手の価格に対抗するための譲歩は合法的とされている。(*Standard Oil of Indiana v. FTC*, 71 S. Ct. 240, 1951).

(9) もっともこれが簡単な仕事でないのは明らかである。ホワイトカラー労働者が給料の引上げを要求する際の熱心だが弱腰の姿にみられる心理的な不安は、アメリカの漫画家の恰好な題材の一つとなっている。この題材が人気があるのは、漫画家やその読者の非妥協的な加虐性を示している点は別として、ここに描かれた問題が現実のものであることを示唆している。

(10) David M. Parry, President of the National Association of Manufacturers. Annual Address. *New York Times*, April 15, 1903.

# 第一一章　農業の場合

## 1

労働者の場合に劣らず、農民も拮抗力を発展させるために非常に長いあいだ粘り強く努力してきた。しかも農民の活動は著しく多様な形態をとっている。そこで農業の場合は、それ自体が重要であるというだけでなく、拮抗力の形成の問題に照明を投げかけるという意味でも、いっそう詳細に検討する価値がある。

農民が売り手の市場ならびに買い手の市場のいずれにおいても、個々の農民の市場支配力は、典型的な場合には、実質上皆無である。いずれの市場でも、農民は数十万人の一人にすぎない。個人として農民が市場から退いても、価格には何も影響を及ぼさないだろう。実際に個々の農民の行動は、彼自身と扶養者以外には誰にも全然影響を及ぼさないのである。

それとは対照的に、農民に販売したり、農民から購入する立場の者は市場支配力を有している。一握りの農業機械製造業者、肥料製造業者、石油販売業者、保険会社などはすべて、彼らが販売する商品の価格にたいしある程度の支配力を行使している。また農産物の市場は、すべてが同じというわけ

ではないが、典型的な場合、——精肉業者、タバコ会社、罐詰会社、牛乳販売業者など——比較的少数の比較的大きい会社により支配されている。これらの会社がその仕入価格にたいして行使する支配力ほど、経済学において激しく論議された問題はない。これらの価格にたいし、暗黙にあるいは公然と影響を及ぼすような潜在的な力がある程度存在している点は、ほとんど否定することができない。たとえば、罐詰会社は結局のところある特定の日、あるいはある週ないしある季節に購入するトマトの価格を宣言するにちがいない。そしてそのような決定権には、暗黙のうちに価格にたいするかなりの影響力が存在しており、その影響力は、もしもその会社がこの地域の唯一の会社だったり、あるいはそうでなくともその会社が他の会社の行動について抜け目なく判断を下したならば、いっそう増大するであろう。しかしそうした影響力を認めにくい場合でも、それは購入するかしないかを決定する買い手の権限に本来付随している。このような購入の決定権は価格にたいしかなりの影響力をもちうるが、農民にはそれに匹敵するような自由裁量権がないのである。

われわれの時代には、一つには農民の新たな市場支配力の結果、また一つには農民のかなり強い政治的影響力にたいする対応として、農産物の買い手側の市場支配力の行使は非常に慎重になってきている。過去においてはそうではなかった。それどころか反対に、農民は市場支配力を欠いていたために、しばしば高い代償を支払わされた。農民が有効な拮抗力を行使できる方策を長期にわたり熱心に求めるようになったのは、まさにこうした事情があったからにほかならない。

## 2

実際に農民のこうした努力は、ほとんどこの大陸への移住と同じくらいに古くからみられる。ヴァージニアに最初の植民者が到着してから数年のうちに、タバコ栽培農民は、彼らのタバコを買い入れ、イギリスの商品を供給する「破廉恥で残忍な商人」の圧迫にたいし、国王に救済を求めて請願した。[1] 一六三一年になって、植民地行政当局は、タバコを一ポンド当り六ペンス以下の価格でイギリス商品の購入のために提供してはならない、と布告した。タバコ栽培農民が彼らより強力な顧客や供給者にたいする交渉力を強化しようとして政府当局の支援を求めたのはこれが最初だったが、最後ではなかった。その結果実現をみたのが北アメリカにおける農産物にたいする最初の、だがやはり最後ではない、価格支持政策だった。それを生み出した環境は、ちょうど三世紀後にニューディールの農業政策を生み出した環境と異なるものではなかった。いずれの場合も、タバコ生産者は、多くの農民が少数の会社と相対しているという市場における交渉力の構造的不均衡を是正しようとしたのである。

この最初の価格支持が、のちの経験でなじみ深いものになった別の結果をもたらしたことを、付け加えてもよかろう。つまり植民地行政当局は速やかに価格統制から生産統制に進むことを余儀なくされたのである。一六三九年に、ごく素朴な形の農業調整法がその年ならびに以後二年間の最大生産高を一二〇万ポンドと設定した。個々のプランテーションが規定を遵守するように監視官が任命され、彼らは品質の悪いタバコについては、農場主の作物の半分まで焼却する絶対的権限を与えられた。[2] 農民にたいする統制は、決して近年になってから発展をみたわけではないのである。

前二章の分析で示唆されているように、原則上、農民が取引面での弱体な力を補完するのに役立つものが三つある。まず農民は――ヴァージニアのタバコ農場主の伝統に従って――市場における拮抗力の形成を求めることができる。あるいはまた農民は取引の相手方の本来の市場支配力の解体を追求することができる。最後に農民は需要の変化に伴う市場力の高揚から利益を引き出そうとすることができる。経済における需要を全体として強力な水準あるいはインフレ的な水準に保つことができるかぎり、農民の売り手としての地位は強いであろう。これはインフレーションの状況の下では力が買い手から売り手に移るからであり、このことは拮抗力に及ぼす影響との関連で第九章において検討した。他の生産者と同様に、農民も買い手としてよりは売り手としての役割を強調する傾向があり、それには十分な理由がある。

アメリカの農民は彼らの市場力を強化する三つの手段をすべて試みてきた。特に一八世紀中頃まで北部植民地においては、農本主義者の圧力の下に、根強いインフレーション支持の傾向がみられた。中部大西洋沿岸の植民地では、インフレーションはそれほど重視されなかったが、それはただ強力な総督が紙幣の発行を抑制したからにすぎないことは明らかだった。南部植民地では、サウスカロライナのような若干の例外を除き、通貨は比較的安定していた。(3) またこれら南部植民地では商品作物の輸出に大きく依存していたので、インフレーションになっても、農民にとり有利な点はあまりなかった。ここで重要なのは、タバコその他の商品の英貨建て価格であり、それは植民地側の通貨政策ではどうしようもないものだった。

一九世紀の大部分を通じて、農民は需要の拡大に努力を集中した。――それはジャクソンが彼らを

代表する大統領候補であった時は成功したが、[4]ウィリアム・ジェニングズ・ブライアンが候補であった時には不成功に終った。一八七〇年代のグリーンバック紙幣運動〔緑背紙幣と呼ばれた不換紙幣の発行によりインフレーションを引き起こそうとした運動〕のような短期間の活動のみならず、ジャクソン時代の自由銀行政策やブライアンの自由銀貨鋳造の主張をとおして、農民は支払い手段を増大させ、それにより交渉力の釣合いを農民側に有利なように変えようとした。歴史家はほとんど一様に、こうした一九世紀の農本主義者のインフレーションを好む傾向を、債務の負担を軽減しようとする彼らの願望と関連づけてきた。この説明は、交渉力にかんする相対的な力関係の問題を無視しているので、不完全であるといわざるをえない。

二〇世紀になると、農民は大体においてインフレーションにたいする関心を失った。その理由の一つは、インフレーションを以前の手段で引き起こすことが技術的にみて実行しにくくなったことである。現代の銀行制度や現代の借り手や貸し手の態度を考慮すると、ジャクソン時代のように、信用貸が利用可能だからといって、ただちに借入が自動的になされるわけではない。銀行からの借入の規模やその結果生ずる通貨供給量の動向は、今や他の諸変化の結果であって、原因ではないのである。その結果、旧式の信用インフレーションや通貨インフレーションを意識的に巧みに操ったりできる可能性は、ほとんど消滅してしまっている。インフレーションは今なお巨額の赤字予算を媒介にして引き起こすことができるが、それは銀行券の無制限発行とか、銀貨の無制限鋳造といった容易で費用のかからぬやり方でできるわけではない。ブライアンの選挙運動の挫折や、通貨万能論者の魔術のような話にたいする不信感の増大によって、農民は通貨の実験にたいしそれまで抱いていた信念からしだい

に離れていった。こうしたことに伴い、農民は自分たちの交渉力を対等にするというっそう直接的な手段に目を向けたのである。

当初、これは農民が取引相手の市場支配力を破壊しようとする行動となって現われた。一九世紀の末期から二〇世紀初めにかけての数十年間、大企業の規制や解体を求める最も強力な圧力が出てきたのは、農村地帯からであった。それを最初に、かつ最も劇的に示したのはグレンジャー運動であった。ほとんど革命的といえる敵対心を抱いて、一八七〇年代初めの農民は、鉄道、仲買人、倉庫業者、農機具会社、さらには彼らが取引している商人に立ち向かった。これらの企業にたいする規制を求める過程で、グレンジャー〔農民共済組合員〕は農民がもっていない市場支配力を企業側が有していることを非常にはっきりと認識した。この運動についての歴史家の言を引用すると、「農民には、農産物の価格が取引相手によって設定されているように思われただけでなく、同じように、自分たちの購入品の価格も相手方によって設定されているように感じられたのである。(5)」

グレンジャー運動の爆発は短命に終った。それはイリノイ、アイオワ、ウィスコンシン、グレートプレーン東部地域に燃え広がり、州議会を支配下に収め、鉄道、倉庫、その他の企業を州の監督下におく立法を制定させた。だがこの運動はやがて個人主義、経験不足、さらには指導者の腐敗などのために、衰退に向った。しかしながら、それは対立関係にある市場支配力を解体させようとするいっそう持続的な活動の先駆者となった。労働者や、都市の中産階級や、当時の進歩的な知識人を含む他のいかなる集団よりも、農民は一八九〇年のシャーマン反トラスト法の成立のために頑張った。この法律の主要な攻撃目標となったのが、精肉業者、タバコ会社、農機具産業、牛乳販売業者、そして初期

には鉄道など、すべて農民と取引している部門だったことも、おそらくまったくの偶然だったのではあるまい。その六〇年間におよぶ歴史のなかで、シャーマン反トラスト法とそれを補充する立法を最も強力に支持したのは農業州であった。しかしながら、この法律はもはや対等な市場支配力の実現を目指す農民の戦略の中心にあると考えることはできない。シャーマン法とその後の反トラスト立法は、今なお農民団体や一般に西部諸州選出の連邦議会議員の支持を得ている。だがそれは受身で、幾分懐古趣味的な関心を反映しているにすぎない。農民は対立関係にある市場支配力の削減から自分たちの市場支配力の形成へと、方針を変えてきているのである。

## 3

拮抗力を発展させようとする際に、農民がある段階で取引相手の市場組織や戦略を模倣しようとするのは当然だった。彼らは個人による購入や販売を止め、代りに集団による購入や販売を実現しようとする。牧畜業者や搾乳業者は、彼らの家畜や牛乳を販売する際に組織をつくろうとする。巨大な精肉業者や牛乳販売業者の市場支配力に匹敵するものとして、牧畜業者や酪農業者の巨大な販売組織による市場支配力が登場する。同様に、もしも肥料や飼料や石油の購入が共同で行われたら、これまで一方的に売り手側から個々の農民に告げられていたこれらの商品の価格は、両者の交渉にゆだねられるようになるだろう。

組織に必要な手段も、協同組合という形で農民には利用可能であった。協同組合はいかなる数の農

民をも会員として擁することができ、民主的に運営することもできる。総じて、協同組合は拮抗力を行使するための理想的な方策のようにみえた。一九二〇年代から三〇年代初期にかけての一時期、アメリカの農民のあいだには、市場協同組合は実際に彼らの必要に応えるものであるという信念が広まった。一九二一年の恐慌の後、カリフォルニア出身の非凡な宣伝家アーロン・サピーロは、協同組合員のために加工業者や製造業者が有している交渉力の性質を正確に描き出して、次のように述べた。「……われわれはカリフォルニア州におけるダンピングを中止し、その代りに農産物の販売促進政策を進めてきた。これは、農産物を適正な価格で売れるように、しかるべき時期に、しかるべき世界の市場に搬出できるように、これらの農産物を集中的に管理することを意味している。(6)」サピーロ型協同組合と呼ばれるようになったこの協同組合は、ジャガイモ、タバコ、小麦、果実、その他の農作物の市場のために組織された。だがそのうちで交渉機関として、一、二年以上存続したものは少なかった。

他方で、協同組合は、農産物を大規模に扱うことによって経費を節約したり、揚穀機、穀物集散駅、倉庫、酪農品製造所などの建設やそれに必要な資金調達を行う手段として、かなり成功を収めてきている。だが市場支配力の行使の点では、それらは致命的な構造上の欠点を有している。協同組合は個人のゆるやかな連合団体であり、ある作物の生産者全体を含むことはめったにない。それは組合員の生産活動を統制することはできず、実際問題として、販売にかんする決定の点でも絶対的統制権を握っているわけではない。これにたいし、企業側はもとより自己の生産活動にかんする決定権をすべて所有している。交渉力を強力にするには、待つ力、つまり生産物の一部あるいは全部の販売を見合わせる余力、が必要である。協同組合は非組合員に待たせることができない。非組合員は売りたいときに

売る自由があり、組合員と違って、売りたいと思うだけ売れる利点を有している。また実際問題として、協同組合はその組合員さえも完全に統制することができない。組合員はたえず規律を破って全生産物を売りたい誘惑にかられており、実際に、協同組合の規律を遵守している者を犠牲にしてそうした行動に走る。そしてサピーロの協同組合は、これらの弱点のために崩壊したのである。

農民の購買協同組合は、市場協同組合あるいは販売協同組合の場合のような組織面での弱点から免れている。市場協同組合の場合、非組合員あるいは規律違反者は、協力を拒否したことによって利益を得る。ところが購買協同組合の場合、これらの者は組合が効率的な購買や交渉により節約して得た利益の分け前にあずかれないことになる。飼料、化学肥料、石油製品、他の農場用品の購入や保険などの面で、これらの協同組合は大きな成功を収めてきた。前述したように、購買協同組合は効果的な拮抗力行使の手段として、大規模な小売り業者と肩を並べるようになってきた。しかしながら、これらはただ買い手として、そして購入の面についてのみ、農民の立場の弱点を是正しているにすぎない。購買協同組合の成功は、市場協同組合の交渉機関としての失敗を決して補うものではなかった。

市場支配力行使の手段としての任意加入協同組合の失敗の意義は重要である。というのは、それを直接の踏み台として、一九三〇年代の農業政策が発展してきたからである。農民が独力で市場支配力を組織することに失敗した後、政府に援助を求めるのは、拮抗力の発展の歴史からみて当然であった。そしてまた政府がまず最初に、農民が独力でつくり上げることができない協同組合の確立のために支援することを考えたのも同じように当然であった。これは一九二九年の農業市場法で実行に移された。この立法の下で設立された連邦農場局は全国的な協同組合の制度の樹立に乗り出し、そのための資金

を提供した。そしてこの協同組合の交渉力は、政府の農産物価格安定公社により補強されることになった。

もしもこの活動が成功していたなら、小麦、綿花、タバコ、その他の農作物の生産者は、市場において一つないし少数の強力な売り手によって代表されることになったであろう。そして市場におけるこれらの売り手の力は、鉄鋼会社や自動車会社、あるいはアメリカ・アルミニウム社がそれぞれの市場ですでに有している力と本質的に異ならなかったであろう。またそれは明らかに農民の販売先に備わっている市場支配力に太刀打ちできるものになったことだろう。そうなれば、力は相互に対応しあうものだということをいちばん認めたがらない者でさえも、そうした考え方に同意したであろう。アメリカの実業界の考え方が支配的な共和党政権によりこの立法がなされたことは、しごくもっともなことである。農民のために何かをする必要に迫られたフーヴァー氏と彼のグループにとり、進むべき道は明らかに農民をできるかぎり典型的な企業のイメージに近いものにつくり変えることだったのである。

連邦農場局が性急につくり上げた協同組合は、任意加入協同組合と同じ弱点を有していた。――これらの協同組合は非協力者にも同様の利益をもたらし、また組合員ならびに非組合員のいずれの生産を統制する能力ももたなかったのである。――協同組合と価格安定公社はまた一九三〇年から一九三一年にかけての農産物価格の暴落の波に呑み込まれてしまった。一九三三年に政権についた民主党は農業部門のために政府の権限をできるかぎり活用した。ある意味では、それはごくわずかな政府の追加措置にすぎなかった。一九三三年の農業調整法ならびにそれに続く農業立法は、以前の農民

の自発的な活動や政府の支援を受けた活動を失敗に終らせた技術的弱点を除去しただけのことだった。最初の立法で設定された加工税は、今や半ば忘れられてしまっているが、主要作物を栽培する[7]すべての農民の生産にたいして課せられた。そして加工税による収入は生産の統制に従う者に分配された。このように非協力者を不利な立場におき、全体の生産を統制することにより、任意加入協同組合の交渉力の弱点は除去された。一九三六年に加工税が違憲判決を受けて廃止された後、国庫から協力者にたいしてのみ直接支払われる補助金が、非協力者にたいする消極的な罰則として利用された。いっそう最近になると、供給が多い場合、生産者が販売量にかんする市場割当てを受け入れることを条件に、政府の購入や貸付によって価格保証が行われている。これは形態の変化であって、内容の変化ではない。政府は代替的顧客という役割を演ずることにより、農民の交渉力を補強する重要な仕事に従事しているのである。

4

かいつまんで述べれば、拮抗力を発展させようとする農民のきわめて粘り強い活動の記録は、以上のようなものである。非常に奇妙なことに、これらの活動全体が今なおある程度農民自身によってさえ、漠然とではあるが不自然と考えられている。「緊急」という言葉は現在農業立法から消えているが、今なおそうした農業立法はいつか消滅するのではないかという主観的感情が存在している。だがこれらの立法を異常とみなす人びとは、現在の立法が今や長い年月を経てきたものであり、その背後

にはそれ相応の抱負の長い歴史があり、世界の発展した国のなかでそれに見合う成果のない国はなく、いかなる政党といえどもそれを公然と攻撃しようなどと考えない、といった諸々の事実について考えてみるべきであろう。

アメリカの農民を取り巻く諸産業の市場支配力や、需要の変動の可能性を考慮すると、こうした立法は異常どころか不可欠なものといえるのである。[8] このことを認識しておけば、多くの利点があるだろう。もしも農民や他の集団の拮抗力にたいする政府の支援を正常なものとみなすことができない場合、われわれはほぼまちがいなく公的権力による民間の集団への補助を取り締まる原則の探求を怠ることになろう。またわれわれは拮抗力にたいする政府の援助と関連してかなり頻繁に生ずる弊害や過ち——それは特に農業立法の場合頻繁で深刻である——を是正することもないであろう。これらの欠点に関心を抱く多くの者は、その是正策はそうした活動全体を廃止することだと今なお考えている。これらの人びとは、フランス革命の際の死刑執行人のように、頭痛の治療に断頭台を持ち出すようなものである。こうした考え方は、今後もまちがいなく続くと思われる問題について改善を図る際の最良の考え方ではあるまい。

(1) L. C. Gray. *Agriculture in the Southern United States to 1860* (Washington: Carnegie Institution, 1933), vol. 1, p. 430.
(2) *Ibid.*, p. 261.
(3) Richard A. Lester, *Monetary Experiments* (Princeton: Princeton University Press, 1939), p. 24 参照。
(4) 私の同僚のアーサー・M・シュレジンジャー二世教授は私に、ジャクソン自身が通貨膨張論者であったと考

えないようにと警告してくれた。たしかに彼の支持者は通貨膨脹論者であったし、第二合衆国銀行にたいする彼の成功を収めた攻撃の効果もインフレ的であった。しかしながら、ジャクソン自身は通貨問題にかんし保守的で、実際に健全通貨政策の支持者であった。彼が合衆国銀行とニコラス・ビドルに反対したのは、彼らが各州の銀行によるインフレ的銀行券の発行を抑制したからではなく、あまりに強大な権力を握っていると考えられたからであった。

(5) Solon J. Buck, *The Granger Movement* (Cambridge: Harvard University Press, 1913), p. 18.

(6) Ontario Department of Agriculture, *Addresses on Co-operative Marketing by Mr. Aaron Sapiro* (Toronto, 1922).

(7) いわゆる主要作物としては、当初、小麦、綿花、トウモロコシ、豚肉、米、タバコ、牛乳ならびに乳製品が指定された。もっともこれらがすべて課税の対象になったわけではない。Edwin G. Nourse, Joseph S. Davis, and John D. Black, *Three Years of Agricultural Adjustment Administration* (Washington: The Brookings Instiution, 1937), p.42 を参照。

(8) この需要の変動にかんする言及は特に強調する価値があるように思われる。農民の市場における立場、したがって市場支配力が、農民の仕入先や顧客のそれとは非常に異なっているという主張は、多くの批判者によって否定されたり、あるいは立証されていないと決めつけられてきた。しかもこれらの批判者はすべてが、価格制度にとり有害だったり不都合なことには耳を傾けないといったような人びとではないのである。これは一つには、市場支配力が目に余るように行使されているときしかそれを認めようとせず、目に見えない場合は悪いことは行われていないのだと想像する傾向に原因がある。それはまた一つには証拠を十分に検討していない結果でもある。これらの批判者は誰も、経済の総需要が縮小しているときには取引条件が農民側に不利となり、農産物価格が、農民の支払う価格や農産物を扱ったり加工する者の利鞘よりもはるかに急速に下落することを否定しない。これらの経済的動きのパターンは経済学においては自明のことと考えられている。だがこうしたことは、農民の仕入先や顧客にたいし需要の減少に応じて価格を調整させる力を与えるような市場構造における大きな相違によってしか説明することができない。そしてもとよりこのような力を、農民は有してはいないのである。

# 第一二章　分散した決定権の役割

## 1

今や、これまでの数章の議論を、過去数十年間にアメリカで最も白熱した論争の主題となっていること、つまり民間の経済的決定にかんする国家の役割という問題、に当てはめて考えるべき段階に来た。以前には、経済の決定的責任は私企業の経営者の手中にあった。これら経営者は生産すべき製品、その量、価格、労働者に支払う賃金、将来の生産拡張のための投資計画を決定してきた。それに加えて、経営者は生産活動を組織し、管理する責任を担ってきた。これらの任務には、困難なものであろうと簡単なものであろうと、とにかく非常に多くの決定が必要とされる。実業家の最も際立った特色、つまり彼らを法律家や、大学教授や、一般的に言って公務員とはっきりと異なったものにしているのは決定を下す能力である。有能な実業家は誰でも、しばしば限られた資料をもとに、自分自身の能力に疑問を抱くことなく決意することができる。過去の過ちについて思案せず、過ちを犯したと認めることさえ拒否するのも、彼らの能力の一部なのである。

経済において競争が支配的であると仮定すると、その場合、これらの企業の決定は少なくとも一般

的に公共の利益になると考えることができよう。不十分な決定とか過失は、実業家には有害となるが、国民一般を傷つけるわけではなく、他方で適切な決定は全体に利益をもたらす。その結果、実業界の決定にたいする国家の干渉は、余計なことかあるいは積極的に有害かのいずれかであった。ところが競争の仮定のもっともらしさが崩れていくにつれて、実業家が干渉に反対する従来の根拠は信憑性が失われていった。現在生じている問題は、競争ではなく、拮抗力が私的な経済的権力の行使にたいする抑制力と認められる状況において、どの程度まで実業界の独立した決定権を回復させるかという問題である。これにたいする回答が得られても、さらに、権力の濫用を防ぐためにではなく、極端な失業やインフレーションなしに平時の経済を順調に運営していくために、実業家の自主的決定権にたいし、どのような干渉が必要なのかという問題が残っている。そこでこの章では、私企業の市場支配力との関連で国家の役割をとりあげ、本書の最後の二章で、一般的な経済活動やその安定との関連で国家の役割を検討することにする。

2

拮抗力の現象は、生産にかんする決定権を私企業の手中に放置することにたいし反論を提供するものである。競争と同様に、拮抗力はそうした私企業の権力の濫用を防止するように機能する。前の三章で明らかにしたように、価格を引き上げたり、賃金を引き下げるために、市場支配力を行使している企業や企業の集団は、そうした力を相殺する他の力の発展を促し、それに報酬をもたらしているの

である。もしもこうしたことが起こらなかったならば、私企業の決定権により、個人としてには本質的に弱体な一般大衆や、労働者や、農民、その他の人びとを意のままに搾取できるだろうし、おそらくそうなったことだろう。そうした決定権は当然国家の干渉の対象となっており、あるいはやがてそうなるだろう。だが現在私企業の決定権によって影響を受ける者が事実上自分自身を守ることができるので、そうした干渉は不要とされているのである。

しかし他方で拮抗力の発展は不規則であり、不完全なので、拮抗力が発展したからといって、私的な決定権にたいする国家の干渉を排除すべきだという十分な理由にはならない。しかも国家は拮抗力の発展を支援するものと考えなければならない。だがそれにもかかわらず、現代の典型的な産業の市場においては、私的な決定権を規制するのは拮抗力である。そして拮抗力は決定権を私企業の手中に残しておくことに否定的な考え方を提供する。というのは、拮抗力はまさに私的な決定権が他人に害を及ぼすのを防ごうとするものにほかならないからである。

私は、生産にたいする私的な決定権、つまり私企業の決定権、についてのこうした解釈が、リベラル派にとっても保守派にとってもほとんど同じように不快なものであろう、とあえて言いたい。実際にそのようなことがしばしば認められる。リベラル派のなかには、ここには潜在的独占体や大企業の悪質なごまかしがあるとすでに看破している者がいる。しかし彼らは、自分たちが理念よりは良識やプラグマティックな考え方にしたがって、矛盾していることだが、しばしば労働組合や、農業立法や、その他の独占的権力にみえるものを形成する活動に加担してきた理由もこの点にあるのだということを、想起しているのである。

保守派にとっても、この議論は魅力があるにちがいない。彼らは生産決定にたいする私企業の権限擁護の論拠を競争においているが、それは自分が騎乗している馬を射たれた騎手がなおかつその馬を動かそうとしているようなものだ。市場の集中度を示す統計は、彼らの議論にきわめて不利なものとなっている。また現代の市場理論もそれと鋭く対立している。このことは、多くの市場で競争が明らかに衰退したり消滅したり、あるいは歪んだものになっている点――さらにウォルター・リップマンがかつて述べたように、実業家は競争が可能なかぎり少ないことを強く望んでいるといったこと――から立証される。社会主義者は保守派の議論の戦術的弱点を素早く見出し、それを活用してきた。マルクス主義の理論では、資本主義と競争とは相互に排他的な概念であり、マルクス主義者の攻撃は資本主義ではなく独占資本主義にたいして向けられてきた。独占体の力がいたるところに存在するという事実は、提示するのに困難ではない。競争が保守派の防御手段であるかぎり、左翼はこれを攻撃する資料も論理も十分に手にしているにちがいない。

しかしながら、私は拮抗力に基づく私的決定権が保守派に気に入られるだろうと考えることはできない。それは労働組合や、農民や、大量購買組織その他を市場における不可欠な力としている。競争と同じように、これらの市場支配力が効果的な場合は、いつでも快いものではない。目下の分析によれば、拮抗力にたいする政府の支援は正当化できる。だが政府の支援はすでにありふれたことになっているとはいえ、これからしばらくのあいだ、国家の活動の望ましくない拡張とみなされることはまちがいない。私はあえて次のように推測してみたい。つまり、平均的な巨大法人企業の指導部はもうしばらくのあいだ、彼の権力はかなりのものだが、そうした力の有害な行使にたいし十分に抵抗でき

る者にたいしてしか使われていないというもっともらしい弁護論よりも、自分は古典的な意味での競争者であり、市場の圧力の単なる気圧計にすぎないといった現実味のない弁護論のほうを好むであろう、と。称賛ほど経済学者が恐れるべきものはないが、その点、私は当然安心してよいであろうと思う。

## 3

前節では、私的な生産決定権にかんする否定的な立場のみを扱った。否定的というのは、拮抗力が十分に発達した場合、それはただ私的な市場支配力の有害な行使にたいして抵抗する機能を果たすのみであるからである。競争モデルにおいては、私的な生産決定権にかんし強力な肯定的な論拠があった。競争は資源を最も効率的に利用させるので、私的な生産決定にたいする国家の干渉は有益ではありえず、したがって有害であるにちがいないと考えられていた。[1] 二〇世紀初めに古典派の経済学者と社会主義経済学者とは、計画経済が、価格制度の下で行われているものにうまくとって代るような何らかの資源配分の方法や生産費の計算方法を考案できるかどうかについて、長ながと論争した。社会主義者でさえも、社会主義の成否はそうする能力いかんにかかっているかのように考えていたのである。

競争よりはむしろ拮抗力のほうが経済の基本的な調整装置として受け入れられている場合、資源の理想的な配分や活用——つまり最大限の社会的効率——の議論は成り立たない。だが拮抗力は正しい

方向に作用する。強力な小売り業者の買い手がそれまで独占的な収益をあげていた産業の価格を引き下げるならば、その結果製品の販売量は増大し、広い意味で、労働力、原料、生産施設がいっそう望ましい形で使用されることになる。しかし誰もまさにこうしたことがまちがいなく起こると予測することはできないのである。こうして理論的には、私的決定権にたいする政府の干渉を擁護する立場が成り立つ。この立場は、拮抗力が十分に機能しないことが明らかな場合には、いっそう有力になるのである。

われわれの時代には、私企業の決定を批判する傾向がかなり強く存在し、しかもその傾向はいっそう強まりつつある。近年、価格や新生産能力にかんする鉄鋼産業の決定、建築産業や鉄道のむらのある事業内容、さらには自動車の価格やデザインなどについて、繰り返し不満が表明されている。これらの批判には根拠がないと考えてよいような先験的な理由はない。これらの場合、何も外部からの干渉を受けずに私企業の判断が下されたら、必ず最良の決定がなされただろうと主張することもできない。政府の施策に反映されるような社会的判断のほうが、理論的によりよい判断であるということもありうるのである。

しかしながら、技術開発は、私的決定に伴う明白な欠点を補うもの、あるいは補ってあまりあるものになるということや、われわれは豊かになるとこれらの問題についてある程度寛容になるといったことは、すでに明らかにしてきた。さらにいっそう重要なことは、行政的にも、私企業による決定を擁護する強力な立場が存在するということである。

保守派によってさえ、ほとんど引証されることがないが、現在、行政上の配慮が資本主義社会に私

企業の決定にたいすること細かな干渉を排除する最も強力な論拠を提供している。無遠慮な言い方をすれば、高度の生活水準を有する議会制民主主義の社会では、資本主義の決定機構に代りうるもので、行政的にも受け入れられるような決定機構は存在しない。最終決定権を分散化しうる効率的な方法は、ほかにはないのである。

産業支配の集中度が比較的大きい場合でさえ、生産決定にかんする最終的な権限は比較的多数の拠点に分散している。これは非常に重要なことである。自社の自動車の馬力、デザイン、価格、モデル変更、生産計画、およびその他の無数の細目にかんするジェネラル・モーターズ社の決定は最終的なものである。これを変更するように訴えられる制度はない。これを凌ぐような活動歴や名声を有している機関は存在しない。もしもそのように訴えることが可能であったならば、きわめて多様な製品を有する現代の経済において、最終的な決定に到達する過程は、ほとんど信じられぬほどの困難に出会うことになるであろう。だが最高の権威に訴える権利を否認することは、政治機構にあっては、自由請願という一般的に認められている民主的な権利を否認することになるのである。

政策決定の過程には、その決定のタイミングと質という二つの面の問題がある。比較的単純で、等質のタイプの生産――たとえば電力生産――の場合、決定の質のほうが通常そのタイミングよりもいっそう重要である。そこでは公共管理という行政的問題も解決することができる。ところが消費財生産の場合は、これとはまったく逆となる。そこでは通常、内容のまずい決定でも決定がおくれるよりは好ましいと考えられている。アメリカのきわめて多様な消費財の生産に必要な決定――製品の内容、デザイン、生産の時期、場所、投資計画などについての決定――にかんする権限がかなりまで集

中すると、それは熱烈な社会主義者でさえ妥当と考えるのがむずかしいような代物となるだろう。最も重要な決定を除いて、決定権の分散化は可能であり、そうした分散化は結局のところ完全な請願権になじんでいる人びとや立法府によっても受け入れられるだろうと主張することはできる。賃金、価格、および生産と投資計画のおよその輪郭の問題だけが、中央の決定にゆだねられることになろう。これは可能であり、しかも経済の安定というもっと大きな目的のためには、広範囲にわたる同目的の行動が必要であるかもしれない。しかしながらこのような提案は、実際には一つの重要な点を見逃している。生産決定にかんする社会的管理の目的は、それらの決定を社会の必要や願望にいっそうよく適応させる点にある。もしも政府が決定権を集権化した挙げ句、行政上の理由から世論や世間の圧力の届かぬところで政策決定をしなければならないとしたら、それはまさに達成しようと手がけた仕事そのものを廃棄することになるのである。

社会主義ならびに計画化にかんする議論が、経済活動の誘因とかコスト計算や価格決定の可能性といった経済的問題にあまりに集中しているため、これらの行政上の問題は概して看過されている。だがこれまでに述べたように、われわれの時代には、行政的立場からの検討が決定的に重要だと考えるべき兆候がいくらでも認められる。ここで論じたように、もしも生産決定にかんするかなりの程度の中央集権化が、多様性に富み、種々の形態をもつ高度の生活水準を擁する社会では行政的に不可能であるなら、その論理的帰結として、かなり原始的な生活水準の社会では、そうした計画化は完全に可能であるということになる。中央集権的な決定は、生産が比較的少数の規格化された製品に限られている場合にのみ行政上可能となるであろう。もう一度経験に照らしてみると、社会主義化した（ある

いはそうさせられた）のは、――ロシア、東ヨーロッパ、そして今や中国といった具合に――単純で低い生活水準の社会であることがわかる。それとは対照的に、高度に発展した工業国では、イデオロギー的には社会主義に共感を寄せている場合でも、社会主義化していない。社会主義と共産主義は低い生活水準を引き起こす原因であるという、保守主義者が大変好んで使うよく知られた決まり文句がある。だが簡素で低い生活水準は社会主義と共産主義の実現を可能にするといったほうがはるかに正確である。

生活水準が高い国において行政が決定的なまでに重要なことは、社会主義政権が産業の国有化に向ってごくゆっくりと漸進的に進んでいるスカンジナヴィア諸国によってまったく見事に例証されている。イギリスの最近の歴史はさらにいっそう教訓的でさえある。イギリスの労働者が何らかの形の中央集権的な計画化に深い支持を寄せていることには疑問の余地がないし、彼らの指導者の誠実さの点も同様である。一九三〇年代以後のイギリスにおけるほど、大多数の有権者のあいだで、資本主義が一つの観念として完全な敗北を喫した国は、おそらくロシアを含め、他にどこにもない。だがイギリスの社会主義が政権を握ったとき、その速度や形態はそれを行政管理する問題によって大きな制約を受けた。一九四五年の労働党の勝利ののち間もなくして、産業を国有化する速度は主として行政面の考慮によって決定されることが明らかとなった。国有化に必要とされる行政機構の規模やその複雑さについての認識が増すにつれて、国有化の速度が鈍くなっただけでなく、イギリスの社会主義者のそうした政策そのものにたいする情熱も薄れていったようにみえる。

行政面の配慮が国有化すべき産業の選択に及ぼした影響はさらにいっそう興味深い。最初に国有化

の指定を受けた一群の産業——炭鉱、運輸、電気、ガス、海外通信、およびイングランド銀行——は、炭鉱業を除き、国有化を行うにあたり、行政面での困難も変化も最も少なくてすむ産業であった。これらの産業の国有化は、高度に発展した工業国ではありふれたことである。これらの産業は社会主義者がいつも狙っている攻撃目標だった。もとよりこれらの産業は管理が容易という理由で意識的に選ばれたと考えるのは不当であろう。しかしこれらの産業には克服できないような行政上の問題が存在しないという事実が、選択の際の消極的要因だったこともほぼ確かである。これ以後国有化を示唆されている産業——たとえば砂糖やセメントなど——も、行政上の問題が比較的簡単であろうと思われる産業である。もしも多少なりとも主観的な配慮があるとしたら、ほぼまちがいなく、行政上の問題がその中心だろうと思われる。

他方で、労働党政権は消費財産業——自動車、ラジオ、衣服、繊維など——をすっかり放置していた。これらの産業では、生産にかんする決定——製品の種類とか、生産、デザイン、スタイルを国の内外の消費者の嗜好の変動に適応させていく必要性、などを反映した決定——についての権限のいかなる中央集権化も、きわめて困難であろう。イギリスの指導者がいかなる政治的信念を抱いていようと、こうした重任を担いたいと思っている者はほとんどいないだろうと想像することができる。こうして、資本主義に愛着を抱くイギリス労働党員は一人もおらず、また保守党員も誰もがそうではないにもかかわらず、強い確信をもって、資本主義にとって代る行政的に可能な案を推進しようとする者はあまりいないのである。

結局のところ、これと同様の行政的な配慮が、アメリカの実業家の現在の権力を保護しているので

ある。そうした権力の行使は、拮抗力や競争によって課せられた抑制によりなんとか耐えられるものになっている。社会的非効率は静的な観点に立つと重大な問題であるが、高度の技術進歩により相殺されている。これらの調整方法は不完全であり、理論的にはもっとよいものを考えることが可能であり、また考えられてきた。しかしそれでもなお行政上の問題――つまり理論的にはいっそう素晴らしい制度も現実にはどのようにして組織し、運営することができるかという問題――が残されている。現代の資本主義擁護論は、多くの人びとが信じているのとは異なり、その驚くべきほど完全無欠な構造に基づいているのではない。それはまた神聖な法令に基づいているのでもない。あるいはまた、資本主義はそれを覆そうとする人びとを効果的にあばき出し、打ち破ったから存続しているのでもない。それは、それにとって代るもので行政的に機能しうる制度が存在しないから存続しているのである。

これは実際的な性質の問題であるから、私的決定にたいする完全な国家統制を排除しても、すべての規制を排除することにはならない。これは原理の問題ではなく、結果の問題である。個々の問題は、それぞれその長所いかんにより解決していくことができるし、またそうすべきである。たとえば、電力産業のように、市場支配力が産業構造そのものに根ざしており、消費者大衆が拮抗力の発展を当てにすることができないような産業[2]においては、私企業の決定にたいする政府の規制を予期しなければならない。このような産業においては、政府当局に政策決定能力が十分にあることが明らかにされるため――これはアメリカにおいても珍しくなくなってきているが――、国有化に向ってもう一歩前進することが可能となる。たとえば低廉住宅建築のような他の産業においても、たとえ関連する決定が数多く、かつ困難であったとしても、政府管理を容易に正当化することができる。ここでは効果的な

拮抗力は発展しておらず、またその生産物は特別な重要性を有している。中央集権化によって行政上の諸問題が生じても、政府の介入や国有化の提唱者が職を追われることはない。これらの問題は拮抗力理論とも結びついて、こうした人びとのエネルギーを本当に彼らの救済策を必要としている産業や地域に導き、そこに何らかの意味でとどめて活動させるのである。

## 4

もしも一九三〇年代のような持続的な混乱や第二次世界大戦後に経験したインフレーションを回避しようとすれば、国有化に伴う重要な行政上の諸問題にも取り組み、それらを克服しなければならないことは明らかである。市場支配力の問題を解決しても、これらの問題を解決したことにはならないのである。経済の内部には、自動的に機能して、その適切な運営を保証するようなメカニズムは存在せず、また平時のアメリカ経済の常態が必ずしも高水準の生産や雇用の下での安定でないことは、理論上のみならず、経験に照らしても明白である。高水準の生産や雇用が大多数のアメリカ人の切実な要求であることは明らかだ。そこで本書では最後に、適度に安定した物価の下で、高水準の、かつ適度に安定した生産と雇用を保つには、国家権力にかんするどのような見解、そして私的権力へのどのような干渉が必要なのかを検討することにしよう。

(1) いつでも若干の理論的例外がある。そのなかには長期漸減費用とか私的生産費と社会的生産費とのあいだの

大きな開きなどの例が含まれている。

（2）　大口の利用者は、代替施設の開発や、移転するとのおどしや、その他買い手として不可欠であるといった主張によって、この部門においてさえ、しばしば効果的な拮抗力を発展させることができるということは、注目に値する。

# 第一三章　中央集権化した決定権の役割

## 1

経済学におけるアメリカの伝統には、率直さと保守性との注目すべき均衡が認められる。つまり、アメリカの実業家にたいしたえず経済学者の考え方について警戒させるほどの率直さが十分にあるが、他方でそうした警戒に現実感をもたせないような保守性を備えている。このような伝統にたって、アメリカの経済学者は私企業の市場支配力の問題についてたえず強い調子で警告を表明してきた。だが彼らは私企業の決定にたいする政府の包括的な干渉について好意的に考えたことはめったにない。

それどころか、アメリカの経済学者は、生産にかんする私的決定権を損なうことなく、経済活動における欠陥を是正する方策を熱心に追求する作業に取り組んできた。現代では、この目的を達成するための方策としてほぼ一般に認められているものがある。経済学者は競争こそが反トラスト法の厳格な実施に必要不可欠な背景であるとし、かつ競争が社会的効率の極大化と市場における私的な支配力の濫用の防止に役立つだろうと期待してきた。そうした期待は多くの場合裏切られた。そして今やこれらの問題についてのわれわれの結論ははっきりしているのである。一方、いっそう大きな問題であ

るインフレーションと不況については、ケインズの名と結びついている別の方式により対策が考えられている。そこでこの点に目を向けることにしよう。

一九三六年におけるケインズの最後の大著[1]の刊行後、アメリカの経済学者が彼の学説を熱心に論じたのは、彼が提示した解決策の説得力にもよるが、同様に、ケインズがともかくも救済策を提供した問題の緊急性にも原因があった。というのは、競争モデルの廃棄と関連した社会的効率や市場支配力の問題と、不況がもたらした諸問題とのあいだには、緊急性の点で非常に大きな違いがあったのである。前者は主として観念の分野で重要であった。競争は効果的にはみえなかったが、これから明らかにする理由によって、その結果は破滅的なようには思われなかった。しかし不況は現実に存在しており、不況対策を見出すことは至上命令だったのである。

ケインズの方式の精髄は、価格や賃金の決定権も含め、生産にかんする私的決定権を現在手中にしている人びとに残しておくことにある。実業家の明白な自由裁量の領域は決して狭められてはいない。中央集権化した決定は実業家の決定が行われる環境にしか影響を及ぼさず、それはまた、自由かつ考え抜かれた決断に影響する諸要素が経済的安定に寄与する私的行動を導き出すことを保証するだけである。こうして、不況の時期には、政府支出の増加や減税が需要の増加を引き起こす。その結果、生産や投資にかんする企業の決定も、政府による統制はまったくないのに、生産と雇用の増大とを引き起こすことになる。

完全雇用ないし超完全雇用および物価上昇の時期には、価格と賃金の引上げに向ったかもしれない企業の決定は、政府の統制を受けぬままに、増税と政府支出の削減によって進路を調整される。これ

らの政策が実施されると、販売は困難となる。したがって価格の引上げは賢明ではなく、また投資や雇用の拡張計画も好ましくなくなる。このようにして、政府は財貨にたいする総需要に影響を及ぼすことによって、いかなる段階でも企業の決定そのものには介入することなしに、しかし自らの狙いどおりの決定を引き出すのである。

こうした政策によって提起される方法上の問題は山ほどあり、これまで長年にわたって、経済学者はそれらについて活発に議論してきた。すなわち、需要を増加させるための手段として、政府支出の増加あるいは減税はそれぞれどのような利点があるのか？ 政府支出の増加や減税はどの程度まで自動的に行うことができるのか？ （たとえば失業保険の支払いは雇用の減少につれて自動的に増加するので、これは自動的である。）インフレーションやデフレーションは予測することが可能か、それともそういう事態が生じてから行動を起こさなければならないのか？ 失業やインフレーションはどの程度まで黙認することができるのか？ だがこれらは、すべてケインズの政策を受け入れてのことであり、ただその適用の仕方を問題にしているのにすぎない。最近大多数の経済学者が自ら許容しているこの政策そのものについての主な疑問は、政府がこの政策を実行する叡智はあるとして、その意思をもつことができるかどうかという点である。特にインフレーションを阻止するために、増税や政府支出の削減を行うことは、政治家にとり特に強い決断力を要することと考えられるのである。

もしもケインズの方式がうまく機能するとしたら、アメリカ資本主義について懸念すべき主な理由の最後のものも解消するように思われる。つまり平時においても、経済を完全操業下の均衡あるいは（もっと普通の言葉でいえば）完全雇用に近い状態に維持することができるということになる。だが政府

にこの大きな責任を認めるにはまだ若干のためらいがあろう。ある人びとにとって、ケインズが邪悪な人物、ダーウィン、ブライアン、マルクスといった危険思想の古典的な象徴よりももっと有害な人物であると、引き続き考えられるのはまちがいないであろう。だがすべての人びとを喜ばせることなどできるわけがないのだ。そしてすでに述べたように、実業家のあいだでさえ、ケインズは広く受け入れられているのである。経済発展委員会（Committee for Economic Development）は全国的な財界団体のなかで最も新しく、また考え方の点で最も影響力の強い団体であるが、これは最初から公言はしてはいないが深くケインズ理論に傾倒している。(2) ケインズ派の政策論の基本的な原理はまた、ケインズの名を使ってはいないが、共和党政権によっても受け入れられている。もしもケインズが完全にあらゆる人から一致して受け入れられたりしたら、むしろ彼の後継者にとって不幸なことになるだろう。彼らは長いこと、気楽さの点で歴史上類をみないような急進主義のマントをまとうことができたのである。彼らの理論の提唱者ケインズは、独力で百万長者の身代を築いたが、自由な資本主義の救済ほど熱心に求めていたものはなかった。彼の後継者も同じように強くその使命について確信を抱いている。こうして彼らは現状維持を図る活動のために攻撃を受けていると主張することができ、そうした啓発的な保守主義の殉教者という意識を抱いているのである。

## 2

実際にケインズはデフレーションや不況の問題にたいし有望な解決策を提示したと考えるべき理由

がある。それはわれわれの活力、想像力、勇気を大いに必要とする解決策であることを強調すべきであろう。だがそれが解決策であることには変りはない。しかしながら、ケインズ方式の経済への適用は均斉のとれたものではない。それはインフレーションの問題にたいしては、デフレーションや不況ほどには十全に取り組んでいるわけではない。また現代の経済における景気過熱の危険性についても考慮していない。

これらの欠点はまだ十分に認識されてはいない。前述したように、専門の経済学者は、実業家や農民や労働者と同様に、不況恐怖症に陥っているのである。その結果、ケインズ派の政策と呼ばれるようになるものについての議論は、実際問題として、大部分が不況対策にかんする議論である。インフレーションを抑制する問題は、それには不況対策をまさに正反対にした方策が必要とされているという仮定のもとに、これまで考えられてきた以上に無視されてきた。だが綿密に検討すると、特に経済における拮抗力の役割を十分に認識した場合、このような考え方はまちがっていることが明らかとなる。不況恐怖症が時の経過とともに薄れるにつれて、古い型の投機ブームが経済的安定にたいする脅威として再び登場してきた。この危険もまた概して認識されないままに終っている。しかしまず、不況にたいするケインズの方式の適用を検討するのが便利であろう。

大恐慌の時期以来、アメリカの経済にきわめて多くの事柄がもち上がっており、それらはケインズの方式を不況対策として活用するのに際立って有利であった。まずはじめに不況にたいする処方箋があることが知られており、それは政府が不況を防ぐ行動に着手することができ、その意思があり、またそうすべきであるとの信念となる。これは投資や、さらにはおそらく消費者の行為にも影響を及ぼ

す。特に政府が需要の水準を維持することができるという確信がある場合には、何か好ましくないニュースや事態のなりゆきに応じてただちに在庫の整理とか投資の削減が手がけられるような可能性はかなり小さくなる。

次に、政府支出の規模の大幅な増加がみられる。政府支出は今や大恐慌期の最中の政府と民間の双方を合わせた支出総額を絶対額において凌ぐにいたっている。短期的には、これらの支出は非常に頼りになる。それとは対照的に、民間投資は比較的急激な変化をこうむることがあり、その結果需要の一般的な縮小、さらには崩壊が起こることもありうる。屋根の下の垂木のように、公共支出は経済構造を著しく強化する効果をもつ。またこれは少なくとも保守主義者にとり、美徳が異常なまでに魅力のない装いをまとった領域であることも明らかである。このことは特にケインズ方式のもう一つの心棒となっている法人税と個人所得、そしてそれらにたいする従来よりはるかに大きな依存について、当てはまることである。

法人税と個人所得税からの収入は、一定の税率の下では、事業活動の増減に応じてそれよりももっと大きな割合で増減する。個人所得税は、課税所得階層の人びとの上昇ないし下降の動きを反映するので、まさにそうした変動が生じているときにそれに応じて増減する非常に強い傾向を有している。このようにして、個人所得税は需要が過大であればあるほど、それだけ大きく民間の需要を減退させ、逆に需要の縮小が著しければ著しいほど、それだけ私的用途に支出できる所得額を増大させる。ついでに言えば、個人所得税ほど、資本主義の将来の安泰に寄与した方策が何か他にあったかどうか疑わしい。われわれの時代には、これは所得を均等化する重要な手段とみなされている。しかし所得税は

また——非常に無視されている点だが——所得の不平等を支える要素でもある。金持はもはやすぐれた徳性、能力、勤勉、天与の権利といった理由で自分の高所得を正当化するという、煩わしい仕事をしなくてもすむ。金持はただ自分が納めなければならない税金のことを指摘すればよいのである。そしてほどほどの所得を得ている者は、今では自分が幾分貧しいために恐るべき高額の徴税から免れているというふうに考える。このように所得税は、その副作用として、経済的安定の底流となって静かにかつ自動的に機能しているのである。保守主義者は所得税とその創始者ウィリアム・ハワード・タフト大統領のために銅像を立ててしかるべきであろう。

これ以外にも、アメリカ資本主義を補強しているものがある。大恐慌以前の時期には、アメリカの経済制度は種々の深刻な弱点を有していた。株式会社の構造は脆弱だった。銀行制度も同様だった。国際収支もきわめて不安定な外国からの借款に大きく依存していた。新規投資の資金調達も投資家を犠牲にする諸手段と複雑にからみあっていた。(3)

一九三〇年代に、過去の苦い経験に促されて、これらの弱点のうち、特に目ざわりなものを是正する立法が行われた。さらに三〇年代の悲惨な事態の結果、あるいはこれにたいする対応策として、経済的安定のために重要な措置が講じられた。こうして労働者は失業保険制度により、職を失った場合も最小限の所得を確保することになった。このような保障を手にしたことによって、労働者は今では以前よりも安心して現在の収入を支出することができる。雇用が減少した場合でも、消費支出には、今なおかなり水準の低いものであるが、ともかく一つの支えが存在する。また農産物にたいする価格支持は、大部分の商業的農民にたいし、農産物の需要が減少した場合にも、かなり高い価格と所得を

保証している。深刻な不況の場合には、農産物価格支持のための政府支出は、自動的に、そしてまさに膨大な額にまで増加することになる。少なくとも一九三〇年代と比較すると、農民の支出は比較的安定した状態にとどまっている。ニューディール以後の一五年間に、アメリカ経済全体の支出活動にはかなり高度の安定性が組み込まれたのである。

## 3

このように第二次世界大戦後の時期に、ケインズの方式を活用する環境は、ニューディールが最初に恐慌の克服に乗りだした三〇年代初めよりもはるかに好ましいものになっている。それはある程度、戦後引き続き存在している巨額の軍事支出のおかげであることは指摘できるだろう。この支出がなかったならば、不景気が生じていたかもしれないのである。その場合、このような不景気を他の財政的活動により克服しようとしたら、その規模——特に公共支出の規模——は途方もなく大きなものになったことだろう。

しかしながら世界が平和であったとしたら、兵器に支出されている資金は、高速道路や住宅建設、工兵団（Corps of Engineers）や開墾サービス公団（Reclamation Service）による排水溝やダムの建設、貧困者や未開発地域にたいする援助、その他多くの有益な民間の目的のために、かなりの額を支出することができたであろう。また減税をすれば、（その政策が意図したように）消費者は以前は国家に納入されていた所得を支出することができるようになり、需要を増加させることができるだろう。そうした減

税の機会は、好都合なことに、しばらく前の時期とは対照的に非常に大きいのである。だがこのような政策には、想像力と勇気とが必要とされよう。軍事支出を停止すれば、それが全般的な不況の促進になることも知らずに、すべての公共支出の一般的な抑制、積極的な公債返済計画、総需要の縮小のための天与の機会であると考えるような自称現実主義者が今なお存在するのである。これらの政策はともかく防がなければならない代物であるが、いずれにせよそれらはもはや以前考えられていたほど魅力のあるものではなくなっている。

したがって、経済は支柱で支えようとすればかなり成功の可能性のある状況だった。だが同時に、朝鮮戦争の期間は別として、第二次世界大戦後の時期に必要とされていたのはまさにそうした支柱であった。問題は総需要の水準を抑制することではなく、それを支えることであった。この点は、アルヴィン・H・ハンセン教授が第二次世界大戦直後の時期について次のように効果的に強調している。「第二次世界大戦後から朝鮮戦争にかけての時期に顕著なことは、……工場、生産設備、耐久消費財にたいする莫大な繰り延べ需要にもかかわらず、あるいはまた巨額の軍事計画ならびに対外援助計画にもかかわらず、アメリカ経済が、わずか一両年のあいだにそれまでの停滞を取り戻した後、この課題に十分耐えうることを示したことであった。これは……アメリカ経済を十分に活動させ続けるのに莫大な量の総需要がいかに必要であるかをはっきりと証明していた。(4)」

需要の抑制よりもその梃子入れのほうが必要であるという状況は、大部分の経済学者を含め、多くの人びとが考えるよりも、まだしもはるかに幸運なことである。このような状況の下で、拮抗力の調整機能は作用し続ける。また需要を拡大するのに必要な政策活動は、アメリカの――実際に、すべて

の——政治の主流を占めている。それに必要な課税政策や財政支出政策は労働者や農民の支持を得ている。これらの政策は、原則の問題として、非常に多くの実業家によって容認されており、また実際問題として自分の市場が関係する場合には、それを容認する実業家はさらにいっそう増大する。支出の増加も減税も、普通の議員を政治的に危険な立場においたりしない。官僚も狼狽することなくこれらの政策に取り組むことができる。過去においてもこうした政策に立ちはだかったのは、観念上の障壁——こうした政策とその結果生ずる財政収支の不均衡とが健全財政の規範を犯すという考え方による反対——にすぎなかった。セイの法則および経済は完全雇用の下で均衡に達する傾向があるという仮定にたって、そうした需要を支える政策活動は単に不必要なだけでなく、積極的に害があるということになる。観念の力に疑問を抱く者は誰であれ、セイの法則に基づく信念がいかに成功裡に、長期にわたり、しかも政治的強敵に抗して、不況の際には不均衡財政が賢明な策かもしれないという考え方を押さえつけてきたかを想起すべきであろう。だがついにセイは王位を追われてしまったのである。

アメリカ経済の成果が際立っていた第二次世界大戦後の時期の経済政策を取り巻く環境はこのようなものであった。しかしながらこの比較的恵まれた状態が必然的だとか、不変だと考えるべき理由は何もない。それどころか、そうではないと信ずべき理由がある。時が経つにつれて、経済をうまく支えてきた状態は投資と消費活動の自由化をもたらし、その結果、こうした支えそれ自体がもはや必要とされなくなるかもしれない。現在のような世界では、防衛上の不可抗力や小規模の戦争によって引き起こされた支出が、その時点での経済の能力を超えた需要を生み出す可能性が常に存在する。（私は大戦の場合を除外する。それは疑いもなくすべての要素をすっかり変えてしまうからである。）したがって、

次に、梃子入れではなく抑制が求められる状況下の政策の問題について検討する必要がある。

（1） John Maynard Keynes, *The General Theory of Employment, Interest and Money* (New York: Harcourt, Brace and Co., 1936).

（2） The Committee for Economic Development Research Staff, *Jobs and Markets*（New York: McGraw-Hill Book Co., Inc., 1946）参照。本書は経済発展委員会の研究員の研究であるが、経済的安定にかんするこの委員会の考え方の初期の傾向をよく反映している。同じ時期の全国製造業者協会（ＮＡＭ）の研究さえも、経済的安定のために政府支出を利用するのを否認する一方で、同じような効果をもつケインズ学派の可変的税率については容認している。税率は好況時には引き上げられ、不況時には引き下げられるのである。National Association of Manufacturers, Economic Principles Commission, *The American Individual Enterprise System*（New York: McGraw-Hill Book Co., Inc., 1946）, p. 982.

（3） 読者が拙著 *The Great Crash, 1929* (Houghton Mifflin, 1955）を参照されるように希望する。私はその中でこれらの弱点についてもっと詳細に検討している。

（4） Alvin H. Hansen, *Business Cycles and National Income*（New York: W. W. Norton Co., 1951）, pp. 507-508.

# 第一四章　抑制の問題

## 1

現代の経済には、その経済の生産能力を多かれ少なかれ厳しく圧迫する点にまで需要を高めることができるいくつかの力が存在する。その一つとしてはっきりと考えられるのは防衛ないし軍事支出である。他の公共支出と違って、これらの支出は少なくとも一定の限界内では選択の余地がないものである。国家が軍事目的のために支出を余儀なくされている場合には、財政政策上の理由ということでこれらの支出を削減することができない（あるいはすべきではない）ことは明らかである。そしてこうした状況の下でよくあるように、もしも軍事支出が公共支出全体の大きな部分を占めるとすれば、公共支出の水準を規制して需要の水準を調整しようとする望みはすべて消滅してしまう。

現代では、われわれが経験した需要過剰はほとんどすべて軍事支出の結果である。しかしながら、他の二つの重要な可能性がある。一つはすでに経験していることであり、もう一つはこれから経験するかもしれないことである。

一九五〇年秋に、現代のアメリカ史上最も急激な価格の上昇をもたらした需要の激増があった。連

邦政府予算は当時均衡がとれており、この年の夏に始まった朝鮮戦争の結果としての軍事支出の増加もまだ微々たるものだった。その原因は、生活物資の品不足が再発するのではないかという不安に駆りたてられて、突然消費者が商品の購入に、実業家が在庫の獲得に邁進したことにあった。消費者による購買は、当時個人が所有していたおよそ一五〇〇億ドルの流動資産――要求払い預金と貯蓄性預金、有価証券、政府公債など――によって賄われた。アメリカの消費者の流動資産は高水準に維持されており、したがって何か事が起こると、流動資産を財貨に変えようとする行動が誘発される、必ずしも強くはないが持続的な可能性が存在する。その結果は、急激で深刻な需要過剰となって現われがちであった。

一九五〇年秋の需要の激増は、平時の豊かさから戦時の窮乏に変るという急激な予測の変化のために生じた。好況と不況にかんする長期的な予測の変化からも、幾分より漸進的とはいえ、同様の事態が起こりうるのである。

このように消費者は長いこと、困難な時期の再来に備えて比較的多額の流動資産を保持する傾向があった。それは不況恐怖症の一つの側面である。ある人びとは、この恐怖感から解放されると、流動資産を増やそうとする努力を払わなくなる。また積極的に流動資産を減少させたいと考える人びともおり、さらにまた消費者信用による借入という逆の行動を起こそうとする人びともいる。安心感が高まりつつある雰囲気の下では、こうした行動はむしろ急速に進展し、純貯蓄が急激に減少することがありうる。そのような動向は、実業家側の同じような態度によって生じた同様の動きによって必然的に強められることになる。いったんアメリカの実業家が永続的な完全雇用の見通しについてすっかり

確信したとすれば、在庫や長期投資は大きな増加、それも、おそらくきわめて大きな増加をみることになるだろう。企業の流動資産は速やかに活用され、投資のために積極的に借入が行われるだろう。永続的な繁栄が約束されれば、相当な収益が見込める。そして株式市場も、これに反応するものと期待することができる。投機の一般的性格からして、当初このような刺激を受けて生じた上昇の機運は、少なくともある状況の下では、それ自体の推進力でもって進展していくと考えることができる。投機家は資本利得の見通しによって引きつけられるのである。市場が上向きであり、資本利得を得られるという事実が新たな現実となる。人びとは資本利得の分け前を求め、こうした活動の結果、市場は上昇する。そして株価の騰貴から生じた利益は、消費財市場に流れ込んでいくのである。

換言すれば、一般的に不況恐怖症から脱却すると、それは需要のインフレ的増加の原因となりうる。さらに投機にまで発展することにより、それはのちの深刻な困難の本来の原因ともなりうる。過熱した投機熱が崩れると、今度は投資需要の急激できわめて不都合な減少が引き起こされがちである。消費財にたいする需要、特に投機による収入が損失に変った者の需要もまた大きな打撃を受ける。これらは相互に関係のない偶発的なことなのではない。それは現実に起こりうるのであり、また不況を防止したり、抑え込むのに成功した政策や、そうした政策が生み出す信念に本来内在していることかもしれないのである。そのような危険性はもはや存在しないと主張され、特に高い地位にいる愚かな人びとがこの考えに異議を唱えるのは共産主義者だなどとほのめかすようなときに、そうした危険の有無が本当に試されることになろう。事実、本書の執筆の時点では、すべての兆候が必ずしも好ましいというわけではないのである。

いずれにせよ、第二次世界大戦後のアメリカ経済における経済的安定の重要な源泉の一つは、三〇年代の恐慌が再発するかもしれないという底知れない不安感だった。何年にもわたって、われわれは信念の効用について語ってきた。実際われわれは警戒心の成果によって報いられている。しかしこれはいつまでも続くものではない。時が経ち、繁栄が続くにつれて、不況の再発にたいする不安感は薄れていかざるをえない。そして前述したように、これは深刻な事態の到来を意味しているのである。

われわれは今なお、短期的には需要過剰の可能性を有し、長期的には内発的な崩壊の可能性を秘めた好況の暗い影の下に生きている。さらにまた、戦争あるいは戦争の準備の圧力の下に、あるいは投資家や消費者による突然の商品の買いあさり行為により、需要が過剰になるという持続的な危険が存在することを付け加えておかなければならない。そこで本書の最後の課題は、当然の結果として生じる景気抑制の問題を検討することである。

## 2

需要過剰のほうが需要不足よりも可能性が大きいのかどうかを知る手だてはない。これは経済学の領域をはるかに越えた出来事に依存している。しかしながら需要の抑制が必要なときにそれを実行するという問題は、需要を支える問題よりもはるかに手強いということには疑問の余地がない。それはまた決定権が分散している制度にとってさらにいっそう重大な脅威となる。経済学者が経済政策やその運営の問題を扱う際に冒しているリスクの一つは、彼らがその解決策にかんし責任を負わされてい

ることである。本書の初版は、何も満足のいく解決策を示さぬままに需要過剰の問題に対処することのむずかしさを論じているという点にかんして、何人かの評者の厳しい批判を受けた。だが民主政治、特にアメリカの政治の広い枠組の中ではあまり満足のいく解決策が存在しないというのが残念ながら事実なので、今またすっかり同じことを繰り返さなくてはならない。少なくとも経済学者にとりきわめて満足のいくような解決策は、われわれの政治的伝統とはいちばん矛盾するものなのである。

前述したように、需要過剰が存在している場合、拮抗力に基づく自動調整機能は有効でなくなる。それどころか、その機能はインフレーションの原動力そのものの一部となるような有害なものとなる。財貨にたいする需要が増加し、しだいに弾力性がなくなるにつれて、買い手のために拮抗力を行使している者は、もはや彼らの力を効果的に行使することができなくなる。拮抗力を売り手のために行使している者とそれを顧客のために行使している者とのあいだの均衡が覆される。その結果は、特に労働市場において深刻である。賃金引上げの要求に直面した雇用主はそれを受け入れ、そしてコストの増加分を価格のなかに組み込んでも何ら罰を受けずにすむ。実際に雇用主はそのようにする。そして賃金が上昇すると、それは新しい価格での需要の維持を助ける所得増加の源泉となる。デフレ的圧力の条件の下では、労働力の買い手の力に対抗する素晴らしい手段であったものが、今やインフレーションを促進し、持続させる手段となっているのである。

こうした価格にたいする賃金ならびに賃金にたいする価格の相互作用は、生産がその時点での生産施設や労働力の能力の限界ないしそれに近い状態にある場合にはいつでも、それ自体の力で進展していくという点を強調しなければならない。拮抗力により規制されている市場と競争モデルの市場とを

比較すると、こうした自力推進的動きの性格が明らかになるであろう。競争によって規制されている経済においては、総需要の純増加は短期的にはそれに比例して価格の上昇を引き起こす。そして価格は、利用可能な供給量がそのときに可能な生産力により増加して、総需要と同等になる点まで上昇する。総生産高をかなりまで増加させることができないような場合には、それ以上の影響は生じないだろう。価格が一段と上昇するには、需要のいっそうの純増加が必要とされる。またこうした過程は全体が逆の方向にもなめらかに進みうるものである。純需要が以前の増加分と同じだけ減少すると、価格も同じように低下する。これらのことはすべて、ある歴史的規準からみて、出発点における需要の水準が高かろうと低かろうと、それにかかわりなく当てはまる。労働者の賃金は、もっぱら物価の変動の結果として上昇したり下降したりする。未組織状態にある労働者には、これに介入する力がないのである。

市場が拮抗力によって規制されている場合についてみると、以上とは対照的に、労働力や生産施設がほぼ能力の限界まで利用されているときにはいつでも、需要の純増加はそれ以上の一連の結果をもたらす。前述したように、労働者と経営者の双方はそれぞれ賃金と物価の上昇を求め、獲得することができる立場にある。どちらが主導権を握るかは大して重要ではない。一方が他方にたいし従うことを余儀なくさせるのである。まず最初に労働者の賃金引上げがあったとすると、それは経営者にとってはコストの増加を意味する。これらは価格引上げを必要とさせ、あるいはその正当化の理由を提供する。逆にまず最初に経営者によって価格が引き上げられた場合、それは利潤の増加と、少なくとも見通しの問題として労働者にとって生活費の上昇を意味する。そしてこれは賃金引上げ要求を誘発し、

またそれを正当化する理由を提供するのである。

人間の本性からして、たとえほかに理由がなくとも、労働者と経営者は双方ともに、通常自分たちにとって不利となった最近の変化にたいする単なる埋め合わせ以上のものを要求する。このようにして、われわれの現代の経験に照らして明らかなように、経営者は賃金の増加分を支払った後、通常その結果生じたコストの増加分以上のものを価格のなかに組み込んで増収を図ろうとする。その結果、利潤が増加し、それは生活費のいっそうの上昇と相まって、労働者側に次の賃金引上げ要求の交渉を開始させる一種の持続的な誘因となるのである。

これらのいずれの段階においても、価格と賃金の増加幅にははっきりとした限界がない。それはまったく不確実にだが、経営者と労働者とのあいだで争われる団体交渉——もっと正確にいえば、両者のあいだでかわされる提携関係——の内容いかんにかかっているのである。

前述したように、競争モデルでは、価格は需要の純増分に比例して上昇する。拮抗力が存在し、かつ生産施設と労働力が能力の限界まで活用されている場合には、価格の上昇は、団体交渉の結果いかんにより、需要の純増分と比例する場合も、それ以上のことも、それ以下のこともある。競争モデルにおいては、価格の上昇は需要の増加に次いで起こり、その終着点である。だが拮抗力の場合には、最初の衝撃は同じ方向に進行する一連の衝動を始動させる。また競争モデルでは、こうした過程全体は逆行させてもなめらかにいく。需要の減少はそれに比例した価格の低下をもたらすのである。だが拮抗力の場合、需要が減少したとしても、生産能力になお圧力がかかっているならば、価格は上昇し続けるであろう。価格は、需要の減少によって、生産がその時点での生産能力以下にまで、おそらく

それをかなり下回るまで、減少するようになるまでは、必ずしも下落しないであろう。経済が拮抗力によって規制されている場合には、生産水準とその時点での生産施設や労働力の能力との関係が、基本的に重要なこととなるのである。

実際問題として、競争モデルと拮抗力とのいずれの下においても、物価上昇の動きが持続するには、その時点での生産によって可能な供給量を上回って需要が持続的に増加することが必要である。このような動きを支えるには、政府の赤字支出、消費者の過去の貯蓄からの支出、企業や消費者の銀行借入金の増加、あるいはこうしたことの何らかの組み合わせが必要である。しかしながら、拮抗力が存在する場合には、需要の純増分は生産を能力の限界ないしそれに近い状態に保てるほどであれば十分ということになる。純増分はそれほど大きい必要がないかもしれない。実際に必要とされる需要の増加分の多くは、賃金や物価の上昇に付随して生み出されているのである。(1)

このような賃金と物価との相互作用の力は、生計費の重要な構成費目――最も顕著なのは食費であり、実際には住居費と衣服費も含まれるが――は直接的には賃金の増加によって影響を受けないという事実によって、部分的に――あくまで部分的にすぎないが――軽減される。こうしたことは、価格がコストの増加に即応しない競争的市場においては、はっきりとしている。こうして賃金がコストを通して物価に及ぼす影響、および逆に物価が生計費を媒介にして賃金に及ぼす影響は、一見して考えられるほど直接的なものでは決してない。それにもかかわらず、われわれは、需要が経済の生産能力を圧迫している場合はいつでも、賃金と物価との持続的な相互作用について考慮しなければならないのである。

## 3

ケインズ学派の方式は、原理の点から言えば、賃金と物価の相互作用で生ずる価格上昇ならびに超過需要という事態にたいしても、適用することができる。増税や政府支出の削減を行うと、需要をその時点での財貨の供給量を吸収するのに必要な量以下に減少させることができる。また銀行信用を抑制することにより、企業の在庫、工場や施設にたいする支出、および耐久消費財にたいする消費者の支出を減少させることができる可能性も存在する。しかしながら、消費者信用を直接統制する場合を除き、これは支出を縮小させるには、増税や公共支出の削減よりもはるかに確実性に欠ける方法なのである。この議論沸騰の問題をめぐっての論争をみれば、門外漢でもわかるように、そうした激しい論争が引き起こされたのはまさにこのような理由によるのである。自分の主張を論証するのがきわめて困難な場合、誰でもそれだけ強硬な議論にすがって自分の立場を守ろうとするものである。

財貨にたいする需要削減の効果は、価格の引上げを困難にする点にある。そして生計費の上昇を賃金引上げ要求の口実とか機会にすることもなくなる。さらに雇用主は賃金の引上げ分を価格に組み入れて消費者に転嫁することがよりむずかしくなるので、賃金の引上げに強く抵抗するようになるのである。

この政策は、デフレーションや不況に適用する場合には障害とはならないが、三つの困難がつきまとう。まず第一に、この政策は政治の潮流にうまく乗らず、それに逆らうことになるという避けられぬ

事実がある。政府支出を削減したり、特に課税を増やすことは、あまりに自明のことだが、その逆の場合よりも政治的にははるかに支持を得にくい。それに加えて、金利生活者や確定所得の受領者を除き、不況によって得をする者はいないが、インフレーションの場合は、社会の重要な集団にとって財政的に有利であるという事実がある。所得が物価とともに変動する人びとは、最小限保護される立場にあるし、販売価格を平均的な変動幅よりも高くできる人びとは実質所得を増やすことになる。一九四〇年代のインフレーションの時期には、農民と企業利潤の取得者は実質所得を著しく増加させた。両者とも影響力の大きい集団である。だが、社会的地位のあるアメリカ人なら誰でも、インフレーションを公然と支持するわけにはいかない。それは、姦通のように、個人的にはどれほど楽しめても、公けには反対の立場をとらなければならない罪悪の象徴なのである。いずれにせよ、社会的地位のあるアメリカ人は、自分自身の所得に有利だからといってインフレーションを支持することはできない。だがこうした道徳的禁制から望みうることは、せいぜい中立的立場である。インフレーションから利益を得られる人びとがそれを阻止するような方策を積極的に支持するなどと期待することはできないのである。

第二の困難は、すでに述べたことだが、高度に緊急を要することにたいする政府支出の圧力を受けて需要が増大した場合、ケインズ学派の方式の半分しか利用できないという点である。しかもこの半分の利用も矛盾を含んでおり、賢明とはいえないことさえある。経済の生産能力を圧迫している需要が防衛や戦争上の必要による場合には、これらの政府支出を削減してそうした圧迫を緩和しがたいことは明らかである。需要にたいする圧迫の原因となっている支出は、経済的安定よりももっと緊急性

の強いものにたいする支出なのである。つまり防衛支出によって引き起こされたインフレーションは、防衛支出の削減によって阻止することができないのである。

こうして戦時、あるいは戦争の脅威が存在するときには、政府にはインフレーション対策の最終の切り札として、増税あるいはそれと同じような効果をもつ政策しか、手中にないのである。だが増税策は予測できない問題を提起することがある。いま述べたように、緊縮的な課税政策の目的は、財貨の販売を困難にすること、雇用主が賃金の増加分のコストを消費者に転嫁するのを困難にすることにある。もう一つの必然的な効果として、この政策は、労働力にたいする需要を減少させ、雇用主が労働力を確保するためにあらゆる賃金引上げ要求に屈服しなくてもすむようにする。要するに、強力な課税政策は、生産能力にたいする圧力を軽減することでうまく機能するのである。

しかし別の言い方をすると、これは若干の生産施設や労働力を遊休状態においておかなければならないことを意味する。たとえば農業のように、資源の完全利用下の供給と需要との新しい均衡がいっそう低い価格水準においても速やかに実現する競争的産業においては、このようなことは起こらない。だがそれは、拮抗力が一般的に発展している産業においては、安定にとって絶対的かつ不可避的な必須条件なのである。経済活動のある程度の沈滞は、拮抗力が一般消費者に対抗する連合勢力に転化するのを防いでいるのである。

平時には、経済的安定にとって必要な失業や遊休施設はおそらくあまり重要ではない。そのような失業は慢性的なものではなく、またすでに明らかなように、あまり大きな規模にならずにすむ。その影響を受けた人びとも、彼らが今や社会保障や公的扶助により保護されている点は別にして、普通は

比較的短期間のうちに、正規の職場に復帰できるものと期待することができる。また彼らは適度の好運がついてまわり、勤勉でさえあれば、個人的にいつでも別の職業で再雇用の口を見出すことができる。もとよりここでは、一九三〇年代の絶望的な遊休状態を論じているのではない。

しかしながら、国防や戦争のような至上命令の下では、いかなる失業も放置しておくことはできず、あるいは少なくとも放置しておかないだろう。労働力や生産施設を能力の限界まで活用しようとする圧力があるのは確かである。その結果、増税により安定を達成しようとする可能性はなくなる。もしも可能であればこれほどおもしろいスポーツはないかもしれないが、反対方向に向いている二頭の馬を同時に乗りこなすことはできないのである。

これらのことは、経済学の教育者が誤解してきた重大な問題であった。経済学者は課税、特に思いきった課税こそが、戦時需要の圧力の下にある経済のインフレーションにたいする十分かつ唯一の解決策であると常に主張してきた。この点については少しも疑問の余地がない。これほどの自己規制を要求し、また苦痛を課する政策がまちがったものでありえないのは明白である。

課税にたいする実業家の態度は各自の納税負担の大きさにより多少異なるかもしれないが、彼らはこうした課税政策にかんし、経済学者のような熱意を抱いてはいない。彼らはインフレーションにたいする対策は生産の増加であると示唆する傾向にある。これはいっそうもっともらしくみえる。財貨の生産が増加すると、賃金やその他の支払いの形態で、それらの財貨の購入に利用できる所得も増加する。この所得のうち、課税で徴収されたり貯蓄された部分を除き、供給の増加に匹敵する需要の増加がみられる。だがもっと重要なことは、産業の生産施設や労働力の達成能力にたいする生産の圧迫

が、拮抗力の作用に及ぼすその影響力とあいまって、直接インフレーションに導くことが今や明らかであるという点である。生産の増加は至上命令かもしれないが、強制的な生産増加のための活動は、インフレーションにたいする良薬どころか、その原因なのである。

戦争の脅威の下におけるように、生産を極大化しなければならない場合、野放しのインフレーションを回避しようとすれば、価格や賃金にかんする決定権を中央の政府当局に移す以外に道がない。この方策がいかに不愉快に思われようとも、他に手段はないのである。その場合、物価にたいする賃金の影響、あるいは逆に賃金にたいする物価の影響を防ぐのは、耐えがたくなった経済の沈滞——失業者や遊休施設が耐えうる限界にきている状態——というよりは賃金や物価にたいする統制である。これこそがこれらの統制の機能なのである。だがそれでもなお課税政策を擁護すべき論拠が存在する。統制の背後で需要過剰が形成されるのを、できるかぎり防ぐことが重要なのである。唯一の違いといえば、統制が行われた場合、課税はもはや生産の極大化と矛盾するような目的を達成することが期待できないという点である。

近年、戦時需要の圧力の下に、アメリカならびに事実上他のすべての西欧諸国は経済統制を採用してきた。そしてそれを実行するにあたり奇妙な罪悪感があった。実際には、それしか進むべき道はなかったのである。また間接的な統制は、生産の極大化とうまくかみあわない。そして残るもう一つの可能性である野放しのインフレーションはさらにいっそう深刻な結果をもたらす。それは社会的・政治的に有害な影響を及ぼす。特にそれは政府の効率性と誠実さとに打撃を与え、学校、大学、教会、慈善団体など——実際に西欧の人びとが苦心して築きあげ、それゆえに自ら文明人と称するのを可能

にしているすべてのもの――に破壊的な影響を及ぼす。他方でインフレーションは、才能のなかでも最も野卑で、物質的なものに利得をもたらす。激しい長期にわたるインフレーションを経験した民主的社会で、被害を受けずにすんだものはない。だがインフレーションはまた生産にとっても有害である。それは生産に従事する者と同等に、貨幣価値の下落を期待して資源を手元にとどめ、生産にまわそうとしない者にも利得をもたらす。それは資源を最も必要としているところから引き上げ、最ももうけている者の欲望に奉仕させる。したがって、インフレーションはまた最大の有用な生産活動とも矛盾するのである。

## 4

需要過剰が軍事支出以外の理由で引き起こされている場合、それを抑制する問題は原理上ははるかに簡単である。この場合、財政政策上の手段がすっかり政府の手中に残されているからである。支出の増加が政策のいっそう重要な目的となっているわけではないので、公共支出を削減することもできる。支出を削減したり、増税することによって、経済に必要な沈滞を引き起こすことができる。そしてそれは十分に耐えられることである。物価の安定と拮抗力の正常な機能の回復のほうが、無理してその経済体制の生産を極大化することよりもいっそう重要なのである。

こうしたことはすべて、原理上は比較的容易である。だが、実際に行動に移すとなると、今なお難問が待ち受けているかもしれない。現代の政治活動と投票をめぐる行動様式は、最近の豊富な証拠が

示すように、わずかの失業にたいしてさえも、敏感に反応する。しかも物価のために必要とされる措置——つまり政府支出の削減と増税——は政治的には受け入れやすいものではない。予算が均衡し、あるいは黒字財政となっている場合に、そうした行動を起こさなければならないこともあるかもしれないのである。もっとも、現代の財政政策論に反対してかなり知的な意味で業績をあげた人びとにとっては、均衡財政とか黒字財政は何もする必要がないことを十分に示している兆候のように思われるだろうが。

最後にブームという特殊な問題がある。前述したように、平時における需要過剰の結果生ずると考えられるのは投機活動である。実際にこれは物価の一般的上昇よりもはるかに重大であろう。ある点、つまり大ざっぱに言って短期的な資本利得の期待が長期的な収益予測の計算を押しやってしまう点を越えると、ブームは抑制することができなくなる。それをくいとめようとすれば、事態を逆転させることになってしまう。というのは、市場で短期的収益を得ようとする人びとは、いったんその望みを失うや、売りに出るため、市場は下降線をたどることになるからである。このような状況の下では、政府当局者の側には、ブームを阻止する措置を講ずると、広範にわたり反動が起こるかもしれないという不安が存在し、実際にそうなる可能性が強いのである。

現代ではいかなる政府も、不況に直面して傍観していることができないのと同様に、投機ブームに直面してただ傍観しているだけといった政策をとることはできない。しかしながらいずれの場合も、実際には、あまり多くのことを手がけずに対策を促進できる機会がたくさん存在する。行動の延期もまた大いに活用することのできる政策なのである。種々の案を勧める多数の人びとがいるので、誘惑

もいろいろとあるだろう。だが投機ブームほど社会に潜在している愚鈍さを助長するものはない。それはおそらくまだ未解決の抑制という問題を提示しているのである。

## 5

私はこれまで、理論体系としてよりむしろ実際問題として、資本主義は経済的決定をかなりまで分散化して行う機構であると論じてきた。資本主義の見通し——それは本書のはじめの数章で文献や重役会議室から引き出した不安感の実体ということになるが——について検討することは、結局のところ、分散化した決定方式の見通しについて検討することになる。分散化した決定にかんする主な危険は今や明確になっている。それは不況から生じるのではない。実際に、不況に向う傾向は積極的な強みであるとみなすことができる。脅威となるのはインフレーションやブームのほうなのである。

戦争や戦争準備が行われている場合、それが物価にかんする国民の予想に及ぼす影響とあいまって、分散化した決定の分野が大幅に狭められる可能性が強い。資本主義を極度に中央集権化した決定により修正させるのは、デフレーションや不況ではなく、インフレーションなのである。この脅威に直面した資本主義の立場はきわめて傷つきやすい。これは理論上の問題ではなく、経験上の問題である。一九五〇年の秋に、この国から数千マイルも離れた国で着手された、さして重要でない軍事行動でさえも、大規模な集権化を引き起こすのに十分だった。物価と賃金にかんする決定権は、他の無数の問題にかんするものと同様に、実業界から連邦政府の手に移された。わずか数ヵ月間のインフレー

ションにより、一〇年間にわたる不況の下でさえ必要とされていなかったものまで実現をみたのである。国家は有害であるという教義に固執しているアメリカ人は、この二〇年間、ニューディールやフェアディールの推進者たちがアメリカの資本主義について何かそうした目論見を抱いているのではないかと疑っていた。だが結局のところ、行政府は本質的には保守的な連邦議会によって行動を起こすように強いられたのである。

平時におけるインフレーションの脅威は、これほどはっきりしてはいない。それは、物価騰貴と統制への圧力をもたらすことが考えられる。だがもっと可能性が強いのは、投機的活動がある程度進展をみ、そのあげく反動が必然的に生じて、デフレーションなどの困難な事態に見舞われることである。このことが現在の私企業の決定権の範囲にいかなる影響を及ぼすかについては、確かなことは言えない。そのような不幸な事態は、私的資本主義の評判にとって好ましくないであろう。過去において、そうした逸脱した行為がみられると、私企業の決定権の範囲は常にいくらかずつ狭められてきた。それは重大な意味をもつかもしれないのである。

いずれにせよ、強度のインフレーションがアメリカ資本主義の性格と構造とに重要な変化をもたらしうるという点には疑問の余地がない。保守派が長いあいだことのほか懸念していた不況にたいする政策は、経済の本質には少しも影響を及ぼさない。だがインフレーションにたいする政策は深甚な影響をもたらす。われわれの時代には、ブームとインフレーションこそが、保守派が懸念すべき問題の核心なのである。

（1）　このことは賃金所得の場合明白であり、賃金所得の増加はそれを吸収する物価の上昇をある程度予想させるので、特に重要である。経済の他の局面、特に在庫管理の分野では、物価の上昇は、企業貯蓄の引出しあるいは銀行貸付の増加を財源にして、所得の増加を誘発したり、さらには強制したりするのである。

本書は、一九八〇年にティビーエス・ブリタニカから刊行された『ガルブレイス著作集』第一巻所収の「アメリカの資本主義」を底本とした。

『アメリカの資本主義』はガルブレイスが広く注目を集めたいわば最初の代表的な著書であり、この場をかりてガルブレイスの経歴について簡単に紹介しておきたい。

ガルブレイスは一九〇八年にカナダのオンタリオ州に生まれ、大学も同州のトロント大学を卒業したが、以後アメリカに移り、カリフォルニア大学大学院で修士号（三三年）ならびに博士号（三四年）を取得した。ついでハーヴァード大学（三四〜三九年）およびプリンストン大学（三九〜四二年）で経済学の教鞭をとり、またこの間にイギリスのケンブリッジ大学に留学したが、ガルブレイスの経歴の点で特筆すべきは、その後一時大学を離れ、政府機関の要職についたり、財界誌の編集に従事しながら、現実の問題に取り組んだことであろう。すなわち、彼は第二次世界大戦が勃発するや、国防諮問委員会の経済顧問（四〇〜四一年）、物価統制局の物価部担当次長（四一〜四二年）を経て、物価統制局副長官（四二〜四三年）として活躍し、さらに戦後は合衆国戦略爆撃調査団の団長（四五年）や国務省経済保障政策局の局長（四六年）といった要職につき、またこの間アメリカの代表的な財界誌『フォーチュン』の編集局員（四三〜四八年）を勤めたのである。ガルブレイスは一九四八年にハーヴァード大学に戻り、翌年以降経済学教授の地位にあるが、こうした政府機関やジャーナリズムにおける活動

経験が、彼の経済問題にたいする考え方、特に分析の視点や着想、さらには議論の展開の仕方や文章のスタイルに深い影響を及ぼしたことは疑いをいれないであろう。実際にガルブレイスはアカデミズムの既成の観念にとらわれることなく、まず現実を直視し、その現実の分析ないし理解に必要と考える場合、自ら新しい概念を創造・駆使して議論を縦横に展開しており、そこに彼の理論のユニークさあるいは魅力があるといえるのである。

本書の基本的な問題関心は、第二次世界大戦後アメリカ経済は多くの人びとが不安感を抱いてみているのにかなりうまくいっているのはなぜかという点にあり、本書全体がいわばこの疑問にたいする回答となっている。ガルブレイスはまずこうした不安感はすでに現実に合わなくなった古い観念に基づいているにすぎない、つまり観念の側に問題があるとして、古典派経済学の理論にたいする批判を展開する。彼によれば、最近のアメリカ経済は古典派以来の伝統的な経済学の準則からすっかり逸脱しており、したがってそうした理論に依拠して懸念しても無意味ということになる。他方でガルブレイスは大恐慌にたいする対応を迫られるなかで、主にリベラル派により受け入れられるようになったケインズ理論についても、その意義を高く評価し、政策面での一定の効能を認めつつ、それは「不況恐怖症」にとりつかれており、アメリカ経済の安定要因を看過しているのではないかと批判的にみる。ケインズ理論の場合、非現実的な古典派の均衡論から脱却して、資本主義経済の安定性にかんし疑問を投げかけ、むしろ不完全雇用を常態とみなしてそれにたいする対策をうちだしたのであるが、それだけに現実の認識の仕方として悲劇的色合いが強くにじみでていることは否定できない。そしてこれにたいし、著者はアメリカ経済の安定を可能にしている構造を把握しうるようなさらに新しい視点の

必要性を指摘し、実際にそのための概念を提示するのである。この点、ガルブレイスは一つには寡占構造と効率との関係にかんする認識の転換を迫る。つまり一般の通念とは逆に、競争モデルの経済より寡占経済のほうが技術進歩にとりはるかに有利なのであり、現に寡占経済はそのめざましい技術革新により集中化傾向に伴う非効率を相殺して余りある成果を得ているのだと強調する。さらにまた彼は不体裁な議論と断わりながらも、アメリカ経済の富裕さそのものの利点を論旨の展開に援用している。

だがガルブレイスが何にもまして力点をおき、実際に本書の主題ともいうべき地位を占めているのは拮抗力の概念にほかならない。彼は、現代のアメリカ経済には巨大な企業の市場支配力を抑制する力として、従来の競争にとって代る新しい別の力が存在すると力説する。ガルブレイスは自らこれを拮抗力と呼ぶことにしたのであるが、競争力が売り手間か買い手間といった具合に市場の同じ側で機能し、また少数の大企業への経済力の集中とともに減退するのにたいし、拮抗力は市場の反対側、つまり売り手にたいしては買い手、買い手にたいしては売り手により行使され、経済力の集中に伴いいっそう強化される傾向を有する。著者はこうした拮抗力の存在をチェーン・ストア、労働組合、農民団体の活動等の考察を通して具体的に検証し、今や拮抗力がいかに経済の自動的調整装置としての機能を果たしているかを強調する。拮抗力の現実の有効性とか効力の点で見解が分かれるにしても、ガルブレイスにより現代の経済構造の重要な側面にスポットがあてられ、注目すべき分析概念ないし手段が提供されたことは確かであろう。これはさまざまな利益集団間の一種の多元的均衡論に通ずる見方であり、民主的政治制度における「抑制と均衡」論を経済的問題の検討に持ち込んだものとみる

こともできよう。そこでは、労働者、農民、小売業者など、経済的に比較的弱体な集団の組織の力に積極的評価がなされており、巨大企業の管理能力やその社会的意義を重視するガルブレイスの後の著書とむしろ対照的といえる面を含んでいる。だがこれらの集団あるいは組織の拮抗力を巨大企業の本来の支配力とどこまで同列におくことができるか、つまり釣合いのとれた力関係とみなしうるかという点には問題があろう。この点、ガルブレイスは楽観的すぎるといえなくもない。だが彼も諸集団の純然たる経済的力だけで事態を把握しているわけではなく、政治的要素たる国家権力の役割に期待を寄せている。ガルブレイスによれば、政府の国内政策面での役割は、特にニューディール以後実質上多くが拮抗力の育成に深いかかわりを有しているのだが、そうした現実が十分に認識されているわけではなく、矛盾した結果を生み出してきたこともある。そして拮抗力にかんする理解が深められるべきであり、そうすれば巨大企業の支配力にたいし拮抗力を強化する適切な政策措置を講じることが可能になると主張するのである。

またガルブレイスは、拮抗力は不況の場合には比較的効果的に機能するが、インフレーションの場合にはそれほど期待することはできないと論ずる一方、アメリカ経済は現在不況の再発よりもむしろ深刻なインフレーションの到来のほうが憂慮すべき問題になっていると指摘する。こうしたインフレーション警戒論は、不況よりもインフレ対策のほうが厄介であり、その過程で政府の経済統制も不況期以上に拡大するといった議論とともに、傾聴に値する。だがそれだけにインフレ傾向の濃厚な経済において、拮抗力の調整作用にどれほど持続的に信頼をおくことができるのかという疑問が強く残る。さらに現在では、スタグフレーションという不況とインフレーションとが重なった困難な状況に

おいて拮抗力がいかに機能するのかといったことも検討すべき課題となろう。その意味では、拮抗力理論はより精細な吟味の余地が残されているともいえるのである。

# 解説

今年没後十年を迎えるアメリカの異端派経済学者、ジョン・ケネス・ガルブレイス（一九〇八―二〇〇六）の『アメリカの資本主義』の初版が出版されたのは一九五二年、いまから六十年以上も前のことである。ガルブレイスといえば、『ゆたかな社会』『新しい産業国家』『経済学と公共目的』の三部作や他の時事論説などを思い浮かべる人も多いかもしれないが、『アメリカの資本主義』は、その後に展開される彼の経済思想の萌芽を含んでいる点で、彼の最初の出世作と呼んでもよいかもしれない。

ガルブレイスの経済思想全体の経済学史上の位置づけについては、拙著『ガルブレイス――異端派経済学者の肖像』（白水社、二〇一六年八月刊）を参照してほしいが、第一に、彼の「異端派」としての仕事の中で注目すべきは、『アメリカの資本主義』の中に大企業のほうが小企業よりも技術開発において優れており、完全競争モデルを基準に寡占や独占を非難するのは当たらないという思想がすでに登場していることである。これはのちの『新しい産業国家』にストレートにつながる問題意識である。

正統派経済学では、企業の支配力の問題は、ふつう競争形態（「完全競争」「不完全競争」「寡占」「独占」など）の違いによる「価格支配力」の大小として捉えられる。市場構造が寡占や独占に近いほ

ど価格支配力も大きくなるのはいうまでもないが、ガルブレイスは、このような分類学では大企業の実態はつかめないと考える。

たしかに、寡占や独占の価格支配力が完全競争の場合よりも大きいことは間違いないが、正統派は、さらに、競争形態が完全競争から寡占や独占のほうに近づくほど「経済厚生」上望ましくない状態（価格がより高くなり、生産量がより少なくなる）が生まれると考える。だが、『フォーチュン』誌の編集者として大企業の実態調査をしていた頃から、ガルブレイスは、アメリカの大企業が小企業よりも技術開発において優れたパフォーマンスを示していることを確信していた。技術開発には巨額の資金が必要だが、それを賄えるのは、たとえ一時的でも「独占利潤」に近いものを大企業が価格支配力によって手に入れることができるからである。「大企業＝悪」と考えるのは、完全競争モデルを「標準」として経済厚生を測る正統派の思考法の欠陥であり、むしろ技術開発に成功し、長期的に経済進歩をもたらすのは、市場構造が完全競争から離れ、「若干の独占的要素」があったからなのではないか。このような思考法は、前に示唆したように、『新しい産業国家』につながっていく。

一九三〇年代のニューディール期にリベラルな立場でルーズヴェルト政権に協力したガルブレイスが、なぜ「大企業擁護論」のような保守派に近いことを主張するのか。この謎は、『アメリカの資本主義』を特徴づける第二のキーワード、「拮抗力」の概念を理解すればすぐに解ける。

アメリカの資本主義の実態は、とうに完全競争や不完全競争の段階を超えて、寡占や独占、わかりやすく言えば大企業が支配的な経済体制に移行しているのだが、正統派が頼りにする「価格メカニズム」が働きにくくなったからといって、大企業の「価格支配力」という意味での「私的権力」が無制

限に行使されるわけではない。なぜなら、現実には、大企業体制の成立過程と同時に「私的権力にたいする新しい抑制措置が競争にとって代り出現していた」（傍点を付したものが「拮抗力」に他ならない）からである。例えば、大企業（強力なメーカー）に対抗するチェーンストアやスーパーマーケット（強力な小売業者）、労働力の買い手としての大企業に対抗する強力な労働組合のように。ガルブレイスは、このような「拮抗力」が有効に働く限り、正統派が懸念する独占や寡占の弊害はかなりの程度抑えられると主張している。

もちろん、ガルブレイスは、「拮抗力」がごく自然に生まれてきたというほど楽観的ではない。むしろ政府が「拮抗力」を育成するために積極的な役割を演じた場合もある。例えば、ワーグナー法による労働者の組織権や団体交渉権の保障、最低賃金法による未組織労働者の保護、農産物価格支持制度などのように。だが、現にある「私的権力」の存在を否定するよりは、それに対抗する力を育成することによって経済の自己調整機能を補強すべきだというのが、『アメリカの資本主義』の段階でのガルブレイスの考えである。

ただし、「拮抗力」はインフレ期には働きにくいという欠陥がある。例えば、買い手が「拮抗力」を行使したくとも、インフレ圧力があるときは売り手に買い手を選択する権利を与えるので、「拮抗力」はうまく働かない。『アメリカの資本主義』を出した時点では戦後のインフレはまだ深刻化していなかったが、一九六〇年代後半以降、インフレは大きな経済問題の一つになってくる。インフレ対策としては、ガルブレイスは、のちの『ゆたかな社会』のなかで「価格・賃金の公的審査制」を提案するに至るが、詳しくは、拙著『ガルブレイス』を参照してほしい。

ところで、私は前に「リベラル」という言葉を注釈なしに使ったが、この「リベラル」は、平たくいえば、政府による市場経済への干渉を必要に応じて認め、弱者に対して寛容な態度をとるというくらいの意味である。アメリカではガルブレイスも関与したルーズヴェルト政権によるニューディール以降、次第に普及していった。だが、ガルブレイスの同時代人でも、ハイエクやフリードマンのように、「政府からの自由」、つまり政府による市場経済への干渉をできるだけ排除し、ほとんどの経済問題の解決を市場メカニズムに委ねるという古典的な意味での「リベラル」に固執する人たちもいた。

では、『アメリカの資本主義』ではどうかといえば、ガルブレイスは、「リベラリズム」＝「経済における交渉力が弱い者を強化しようとする立場」であり、それと対立するのが「保守主義」＝「本来の支配力を保護しようとする立場」であると明確に述べている。これが『アメリカの資本主義』の第三の特徴といってもよいほどだが、このような定義も、「拮抗力」のキーワードを正確に押さえておけば理解しやすいだろう。

ガルブレイスは、生涯を通じて「リベラル」な立場を堅持した。大企業の技術開発力を高く評価しているからといって、弱き者への温かい目を失ったわけではない。のちの『新しい産業国家』では、市場の不確実性を乗り越えるための大企業体制による「計画化」が技術の要請によるという視点から、一見大企業体制の「私的権力」を追認しているかのように議論が進められるのだが、それでも大企業体制において見過ごされやすい「審美的次元」を守るために「教育者・科学者階層」が立ち上がらなければならないと述べるなど、決して「リベラル」の立場を放棄したわけではない。さらに、『経済学と公共目的』では、現代の経済にも残っている小企業を中心とした「市場体制」を「計画化体制」

（大企業体制のこと）と対置し、市場体制の「拮抗力」を補強するための様々な提案がなされていることも付け加えておく。

このように、『アメリカの資本主義』は、のちのガルブレイスの主要著作につながっていく多くの論点を含んでおりながら比較的コンパクトにまとまっており、ガルブレイス入門として最適である。本書を現代経済思想に関心のある読者に推薦するゆえんである。

最後にどうしても触れざるを得ないことがある。本書の訳者、新川健三郎さんは、ガルブレイスの初期の話題作が白水社から復刊されることが決まったとき、ことのほか喜んでおられたが、実はすでに闘病中で、七月一日、ついに帰らぬ人となった。残念至極である。今となっては、復刊なった本書を霊前に捧げるとともに、心からご冥福をお祈りするのみである。

根井雅弘（京都大学大学院教授）

# 人名索引

### あ行



### か行



### さ行



### た行



### は行



### ま行



### ら行

訳者略歴

新川健三郎（しんかわ・けんざぶろう）

一九三七年生まれ。一九六〇年東京大学教養学部卒業。東京女子大学助教授、東京大学教授を経て、東京大学名誉教授。二〇〇〇年から〇二年にかけてアメリカ学会会長を務めた。二〇一六年没。著書に『ニューディール』（近藤出版社）、『ルーズベルト』（清水書院）、『アメリカ現代史』（共著、岩波書店）他。

# アメリカの資本主義

二〇一六年 九 月一〇日 印刷
二〇一六年 九 月三〇日 発行

著　者　ジョン・K・ガルブレイス
訳　者 © 新　川　健　三　郎
発行者　及　川　直　志
印刷所　株式会社三陽社
発行所　株式会社白水社

東京都千代田区神田小川町三の二四
電話　営業部 〇三(三二九一)七八一一
　　　編集部 〇三(三二九一)七八二一
振替　〇〇一九〇-五-三三二二八
郵便番号　一〇一-〇〇五二
http://www.hakusuisha.co.jp

乱丁・落丁本は、送料小社負担にてお取り替えいたします。

株式会社松岳社

ISBN978-4-560-09511-9

Printed in Japan

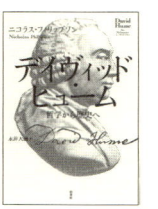

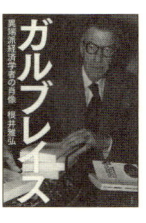

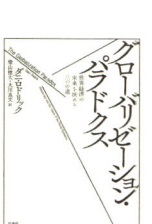